上海抗战与世界反法西斯战争系列丛书

淞沪

淞沪抗战史料丛书续编 Ⅰ

第九辑

孤军八百	祖澄 编
闸北的血史	华之国 编 冰莹等 著
八百好汉死守闸北	赵景深 编
闸北孤军记	郭沫若 徐迟等 著
谢晋元日记抄	谢故团长 遗著

上海科学技术文献出版社
Shanghai Scientific and Technological Literature Press

图书在版编目（CIP）数据

淞沪抗战史料丛书续编．第九辑／祖澄等编，冰莹等著．—上海：上海科学技术文献出版社，2017
ISBN 978-7-5439-7265-0

Ⅰ．①淞…　Ⅱ．①祖…②冰…　Ⅲ．①一·二八事变—史料　Ⅳ．①K264.310.6

中国版本图书馆 CIP 数据核字（2016）第 302815 号

本书由上海市哲学社会科学规划课题资助出版

责任编辑：张　树　李　莺　王倍倍
封面设计：周　婧

丛书名：上海抗战与世界反法西斯战争系列丛书
书　名：淞沪抗战史料丛书续编第九辑：孤军八百、闸北的血史、八百好汉死守闸北、闸北孤军记、谢晋元日记抄
祖　澄　华之国　赵景深　编　冰　莹　郭沫若　徐　迟　等著
谢故团长　遗著
出版发行：上海科学技术文献出版社
地　　址：上海市长乐路 746 号
邮政编码：200040
经　　销：全国新华书店
印　　刷：虎彩印艺股份有限公司
开　　本：889×1194　1/32
印　　张：12.5
版　　次：2017 年 3 月第 1 版　2017 年 3 月第 1 次印刷
书　　号：ISBN 978-7-5439-7265-0
定　　价：98.00 元
http://www.sstlp.com

《上海抗战与世界反法西斯战争》系列丛书总序

徐 麟

伟大的中国抗日战争，是近代中国人民反对帝国主义侵略并且取得第一次完全胜利的民族解放战争，是开展时间最早、持续时间最长的世界反法西斯战争东方主战场。在这场历经十四年之久的抗日战争中，中国各族各界人民同仇敌忾、共赴国难，经过艰苦卓绝的浴血奋战，以巨大的民族牺牲，打败了穷凶极恶的日本法西斯侵略者，取得了辉煌的胜利。正如习近平总书记所指出的，中国抗日战争“为拯救民族危亡、实现民族独立和人民解放，为争取世界和平的伟大事业，作出了彪炳史册的贡献”。中国抗日战争是在中国共产党倡导的以国共合作为基础的抗日民族统一战线旗帜下进行和取得胜利的。以爱国主义为核心的伟大民族精神是中国抗日战争胜利的决定因素，中国共产党的中流砥柱作用是中国抗日战争胜利的根本保证，全民族抗战是中国抗日战争胜利的重要法宝。

上海抗战是中国抗日战争的重要组成部分。在中国抗日战争与世界反法西斯战争中，作为中国共产党的诞生地，上海这座具有反帝反封建光荣革命传统的英雄城市，发挥了独特的重要作用，作出了重大的历史性贡献。

20世纪三四十年代，上海这座国际性的大都市，已经成为中国与世界各国通商贸易的主要港口，成为中国经济、文化中心和政治、外交副中心。同时，上海又是当时中国最大的军港和守卫长江的大门，具有重要的军事战略地位，因而始终成为日本法西斯军国主义觊觎的一个战略要地。1931年九一八事变后，日本法西斯军国主义进而在上海挑起了一·二八事变，发动了对淞沪地区的武装侵略，驻守上海的十九路军和前来增援的第五军与上海人民奋起抵抗，给予日本侵略者以沉重一击，成为中国局部抗战历史进程中承前启后的关键性一役。九一八和一·二八时期的抗日武装斗争和民众抗日救亡运动，在世界上率先举起了反法西斯的旗帜，揭开了中国抗日战争和世界反法西斯战争的序幕。1937年七七事变后仅一个月余，日本法西斯军国主义又把侵略魔爪伸向上海，遭到中国爱国军民的顽强抵抗，形成了以上海为中心的一场气壮山河、震惊中外的八一三淞沪抗战。七七卢沟桥事变和八一三淞沪会战，标志着日本法西斯军国主义全面侵华战争的开始。在中国共产党的积极倡导和推动下，抗日民族统一战线正式形成，揭开了中国全民族全面抗战的序幕，也标志着世界反法西斯的第二次世界大战在亚洲的东方战场正式形成。在八一三淞沪抗战历时一百多天的日日夜夜，中国军队和上海人民以其鲜血和生命，筑成了一座民族自卫的血肉长城，谱写了一曲民族团结、共御外敌的壮丽史诗。上海沦陷后，上海民众在全国人民和全世界爱好和平的各国人民的声援、支持下，面对极其艰辛险恶的环境，仍然以大无畏的英雄气概，坚定不移地继续投身于全民族抗战的洪流，对日伪的法西斯统治进行不屈不挠的斗争。中国共产党始终高举抗日民族统一战线的伟大旗帜，发动民众，团结上海各界人士，从人力、物力、财力等方面支持抗日民主根据地和抗战大后方的斗争，冒着腥风血雨，迎接抗日战争的最后胜利。

两次淞沪抗战及上海民众在十四年中不间断的抗日救亡运动，构成了一幅幅上海抗战英勇悲壮的画卷，也铸就了上海在中国抗日战争和世界反法西斯战争中的重要历史地位：上海不仅是中国对日作战的一个坚强的军事战略重镇，也是中国抗日救亡运动的前期中心和中国抗战文化的发源地；不仅是支援抗战大后方和抗日民主根据地的重要基地，也是世界反战反法西斯人士和中外难民的庇护所，是世界反法西斯舆论战、情报战的东方主要阵地，又是中国联系国际反法西斯阵营的纽带和桥梁。更为重要的是，上海抗日战争凸显了其重要的历史意义：它在外敌入侵、民族危亡的关键时刻，全面地、全方位地弘扬了以爱国主义为核心的民族精神，折射了中华民族有同侵略者血战到底的气概、有在自力更生的基础上光复旧物的决心，有自立于世界民族之林的能力，上海抗日战争在中国抗日战争和世界反法西斯战争历史上树立了一座永不磨灭的丰碑。

今年是中国抗日战争暨世界反法西斯战争胜利七十周年。在中共上海市委的领导和支持下，上海学术界和理论界，经过多年的努力，联合推出了《上海抗战与世界反法西斯战争》系列丛书。这套系列丛书分为三个子系列，**一是上海抗日战争史丛书，**内中包括上海抗战史通论、一·二八淞沪抗战、八一三淞沪抗战、日军在上海的罪行与统治、上海人民抗日救亡运动、上海郊县抗日武装斗争、上海人民支援新四军与抗日根据地、抗战时期的上海经济、抗战时期的上海文化、上海抗战与国际援助等；**二是淞沪抗战史料丛书，**选辑和汇集民国时期有关上海抗战的具有代表性的通讯、纪实、回忆录及报告文学等鲜为人知的孤本、藏本影印重版。**三是上海抗战与世界反法西斯战争研究丛书，**其中包括：资料性著作：如记忆中的淞沪抗战、淞沪抗战中文报刊资料选编、淞沪抗战档案史料选编、上海抗战历史文献选编等；专题性著作：如中国共产党与上海抗战、当代学者论淞沪抗战、国外学者论淞沪抗战、一·二八淞沪抗战画史、八一三淞沪抗战画史等；工具性著作：如上海抗战与世界反法西斯战争大事年表、上海抗战与世界反法西斯战争事件人物录等；通论性著作：在上述论著的基础上完成一部通论性著作，即上海抗战与世界反法西斯战争全史。这三个子系列丛书各有千秋、各具特色，在集结出版后，更能起到互相参照、取长补短的作用。可以说，这套系列丛书是上海学术界和理论界研究上海抗日战争和世界反法西斯战争的一项重大的学术成果，是对上海抗日战争史研究的一个重要总结和一次集中展示，也是向中国抗日战争暨世界反法西斯战争胜利七十周年献上的一份厚礼！

“疑今者，察之古；不知来者，视之往”。历史是最好的教科书。《上海抗战与世界反法西斯战争》系列丛书的出版发行，更是为了向社会提供一部能够弘扬时代正能量、培育与践行社会主义核心价值观的好教材。让我们站在新的历史起点上，进一步铭记历史、缅怀先烈、珍视和平、警示未来，为实现中华民族伟大复兴而奋斗，为促进世界的和平和发展作出我们应有的贡献。

出版说明

《淞沪抗战史料》丛书续编充分利用南京图书馆馆藏资源，将已见或未见的关于淞沪抗战史料以影印的形式出版，内容涵盖两次淞沪抗战，即一·二八淞沪抗战和八一三淞沪抗战，力求比较全面、翔实和生动地反映淞沪抗战的全貌。

两次淞沪抗战，是中国人民伟大的抗日民族解放战争的重要组成部分，特别是八一三淞沪抗战是在中国共产党的抗日民族统一战线政策的指引下，以国共两党的合作为中心，全国各爱国党派团体、中央和地方各系抗日军队、各界爱国民众以及海内外侨胞，在抗日御海、共赴国难的基础上发动和进行的，堪称民族自卫战争史上的伟业。它体现了中国人民血洒战场、拼死抗战的决心和民族团结精神。在抗战胜利70周年之际，阅读这些史料，重温那段中华民族优秀儿女面对强敌、誓死抗争的精神，就是最好的爱国主义教育。两次淞沪抗战展示了中华民族奋起改变自己国家命运的伟大信念，爱国主义激发出全体中国人民的巨大力量，这种信念和力量，在今天仍然弥足珍贵，令人心怀激荡。两次淞沪抗战中那些大气磅礴、气壮山河的史诗故事，均在本套丛书资料中有翔实的记录和质朴的史料作为佐证。

由于各种原因，原书中存在着印刷错误，而且有些细节也与史实不符，对书中的一些观点我们也不完全赞同，为了给读者提供最原始的抗战史料，对上述问题未做任何处理，希望读者能够给予理解。

编者

2016年9月

出版说明

目录

孤軍八百

孤軍八百

祖澄編著

中華民國卅二年二月十日

★大時代小叢刊：碧泉主編★

大時代出版社

1937

目錄

泣別閘北

曹聚仁

十月二十四晚間，記者深夜得敵軍迫近眞如國際無線電台消息，心中悲楚萬分，輾轉至天明，尙未能入睡。那一天我剛發表了「大場的前途」的小文；孫軍長叫我不要再發預約券了，我說：『敗北主義者的論斷正在流行，即算爲萬人所唾罵，我還是應該盡鼓舞人心的責任。何況自右翼各師向左翼防線移動後，處處都得勝利呢，大局尙未可知。』孫軍長默然不語。二十五下午四時左右，軍中人面有喜色，說眞如那方的情勢已經好轉；可是那天晚上，擔任眞如南翔間的守軍，情勢又很不利，總司令部大概已決定全線總退却了。×××師×××師於二十六日的下午完成撤退程序，×××師，也在準備一切了。

二十六日的早晨，我叫衞士把我的手槍拿出來，自己想試用試用看；手撫槍把，不覺愴然淚下。我又急急想準備退却後的通信方法，午刻即回上海設法，匆促又未完全辦妥。下午四時左右，又匆匆回閘北去，陳參謀長神色慘淡，低語前線消息，語聲咽噎。我問『閘北也得放棄嗎?』他說:『還未奉到命令。』他只問我本人可以回進租界去否?其時眼光澄碧，似有千言未盡，我胸中血如潮湧，不知所答；遂往辦公處將重要文件整理交衞士保管，匆匆收束雜件，回到租界來，我就此和閘北訣別了!

車過新垃圾橋時，回頭小顧，舉目黯然，此種情懷，在生離死別以上也。我把這悲痛的消息悶在心頭，胸膛像在拆裂，我想把自己的心緊捻一下，使牠不要這樣躍動。我又想抱住無論什麽人，讓我痛痛快快哭一下。我知道這消息的重要，我不能說出半個字，我的眼淚，一回揩乾，一回又瀉出來。朋友們向我探問消息，親密的答以『沒有什麽，』疏遠的答以『依舊很好;』戰訊，的確很好，連日無處不打勝仗。二十六夜半，我從報館出來，已在戒嚴時分，街上絕無行人，踽踽獨行，向新閘路上慢步而行，舉頭望蘇州河北，刁斗如舊，心爲之大慰；我想情勢也許好轉了，卽返寓作稿。二十七的淸晨，我再往新垃圾橋遠看：河北士兵絕跡，河中船亦駛停，知情勢已變，忍不住淚如珠落。少頃見敵兵持槍向四行銀行堆棧及大陸銀行堆棧進出尋索，胸中心房幾欲躍出，瞠目外不知所以爲詞。但未幾，大陸銀行中機槍聲作，而激戰起矣，敵前哨數人卽受傷仆地。一時情勢緊張，新垃圾橋交通卽斷；我最後之勇士在河北作光榮之犧牲戰矣！

上午七時半左右，蘇州河北各地火焰冒起；我們的閘北又在魔手中了！但是我們應該揩乾眼淚，朋友們！我們保護大上海！

孤軍八百

祖澄

這不是傳奇；這是中華民族一頁眞實的不朽的歷史！

一九三七年十月二十七日，我們軍隊因戰略關係，揮淚從閘北撤退的時候，我們最後撤移的八十八師一營八百戰士，他們不願把寸土輕易落於敵人的魔手，在完畢了掩護大隊撤退任務之後，一致下了「死守」的決心，這悲壯不朽的決心，自團長到士兵，都準備流他們最後的一滴血，爲着祖國作偉大民族解放的鬬爭！

八百個戰士，八百個熱血騰奔的心，他們已結成了一條鐵的長城。他們用實踐的行動，來代表他們血的誓詞，用他們偉大犧牲的精神，向全世界發出最後的呼聲：『中華民族是不屈的民族，中華戰士是最忠勇的戰士，爲了祖國的解放，爲了人類的正義，我們正在擠出我們最後的熱血，與强盜的日本帝國主義作最後的肉搏戰爭！』

他們所佔有的，雖然僅祇有周方不到十畝的一座孤獨的倉庫大廈，但已在淪陷後的閘北爲祖國在敵人魔掌裏留下了最後的國土。這七層鋼骨水泥的四行倉庫大廈，在英勇的戰士防守之下，已變成了鐵的堡壘，每一層配上了我們決死的戰士，把機關槍按置在每一個窗穴，睜着充滿了血絲的眼球，瞄準着，沉着地準備着，他們準備着要把每顆子彈打中敵人的腦袋，一粒也不能浪費，他們八百個，至少要對銷敵人一萬。

這震撼天地的英雄行動，立刻像太陽般光輝傳遍了世界，激動了國人的熱血沸騰，引起了友邦們的同情，更打擊了敵人的胆心！防守在新垃圾橋畔的英軍們，他們被這英勇血的故事深深地感動了，他們覺得不能眼巴巴地看魔鬼血口吞沒了這樣英勇的孤軍，他們應該給予同情的援手。在租界警衛線的鐵柵門裏，他們用手傳達了他們深切的厚意。祇要丟掉武器，英兵願意以國際的力量，保障這孤軍安全退進了租界區。但是死士們的表示，是：『我們是中華民國的將士，受了國家民衆的豢養，保衛國家口，新聞橋頭，每一個角落都已擠滿了高昂着的人頭。這次，市民們的情緒並非是看出會和湊鬧熱，他們心裏都懷着滿腔嚴肅的熱情。他們希仰着這不滅的光輝，他們希望給戰士們表達一種至高的敬意。

巡捕們為了維持秩序，勉强把羣衆的隊伍趕散後，但是不到一分鐘，又像水花消滅似的會集起來，最後連巡捕們亦融化在充滿「感激」的熱流中了。戰士們有時模糊，有出清晰地的現在大衆的眼簾，他們那種沉毅的微笑着時臉，不時向民衆們揮動着示意的手，每一個細小的動作，迫使許多市民們在淌着無法抑止的熱淚。於是，有的亦在沉默地搖動着他們的手，有的由於最高熱情的衝激而吶喊着：『打倒日本帝國主義，中華民國萬歲！』隔不到半秒鐘，慷慨激昂的呼聲從對河的窗口裏傳回來了：『打倒日本帝國主義，中華民國萬歲！』

被壓迫民族者的怒吼，刺痛了敵人的心胆的剎那，侵略者的槍口，竟不顧一切地向着民衆的隊伍密集地射了過來，幾個婦孺弱者中彈倒了下去，大的隊伍起了憤怒的衝動。美國的防守兵，爲了維護人類的正義，亦準備着自衛的還擊了。但是，一陣軋軋的機槍聲隨着一道紅光從我們戰士們的孤壘裏噴了出來，四個敵兵胸部立刻泛了紅潮。『打得好啊！』羣衆們得到報復後的愉快，更鼓起了他們的勇氣，雖然在隨時有中流彈的環境下，民衆們仍隔河爲我們忠勇將士作着鼓氣的吶喊。

在黑色漸漸籠罩了不朽戰場的時候，四周的血火，是燃燒得更瘋狂了。戰士們由倉庫裏用無線電傳出了最初的呼籲：『請求設法撥濟鹽五百磅，糖五百磅，光餅五萬枚，則我軍能支持七天，感激不盡。』

駐防虞洽卿路口的英軍，仰慕我軍的忠勇，設法冒險越過鐵絲網，把軍營食物省下來接濟了我們的孤軍。並且另節下了一份西式的晚餐，供給我們的死守主將謝晉元，表示他們無上的崇仰和敬意。在深晚十一時的時候，一位熱心的德僑，他曾勇敢地載了一車麵包想去接濟那八百個孤軍，不幸太遲了，橋的交通已告封鎖，使他拖了一顆非常失望的心退了回來。那天晚上，我們八百將士，他們把樓中的青荳權充了塡飢的晚餐。

當天，深晚，在血火和皎月的交輝下，乘火焰煙霧的掩護，幾位勇士偸偸的潛出棧房，匍匐到西藏路濱，對蘇州河南岸擲過來信扎一束，這是他們決心爲國犧牲的最後的遺囑。在信裏，他們分別慰妻安家，表達他們已爲國而捐軀，爲殺敵而流血，這是他們的光榮，千萬不可因他們的死而悲哀。就是那末簡單的幾句，八百個人都是千篇一律。

軍人們「拚死，」後方民衆豈可不盡力？在破曉的寒風裏，幾個熱血的年青的童子軍，自願負起了這冒死的任務，在敵人哨兵的虎視下，送去了大批粮食和水菓，還有廣大民衆熱情和感激交織成的慰言：『謝團長，楊營長，暨全體忠勇的將士們，你們爲着中華民族的生存，竟願洒下最後一滴血；在淞滬的國土上，留下光榮的痕跡。千千萬萬的同胞，將永遠懷念着你們永垂不朽的精神和人格。因爲這正是代表了中華民族不折不撓的靈魂，將永遠堅實的挺立於全世界。今日的抗戰，不但是爭取民族的解放，同時亦是爭取民族的人格，我們相信你們現在正在爲爭取民族人格而戰，你們的流血，你們的頭臚，都將寫成新中國的歷史。民族解放的大道，你們也是最偉大最艱苦的奠基者，千千萬萬的同胞都含住了悲痛的眼淚，正挺起湧血的胸膛，邁向你們鬬爭的大道。中國的抗戰場上，有了你們如此成仁取義的偉大，中國決不會滅亡！中國的前途，只有光明。我們敢保證：在鐵血裏失去的土地，一定也可以在鐵血裏收回。這裏敬代表上海廣大的同胞，向諸位致最熱烈最嚴肅的敬禮。」

二十八日的曦晨，在四行倉庫最高層的頂上，驀然昇起了一面「青天白日」的國旗，用八百孤軍的血肉，在淪落了的國土裏，重新豎起這一支新生的國旗，這新鮮的偉大的青紅光輝，表顯了中華民族凜然奮發，不可屈服的精神。

早晨七點鐘，敵人又派大隊作再度的衝突，但是結果還是個零；他們很畏縮的衝來，受了我孤軍槍聲的回敬，又很「不勇敢」地退了回去。幾個矮兵祇敢躲在對過房屋的窗洞裏張眼望着。我們勇士瞄準着「刺！」的一彈打了過去，那個伸着的頭，立刻很快地縮了進去。勇士們勝利的笑了，向敵人們由窗對窗地把一個很自然的「鬼臉」送了過去，「歡迎你們來呀！」這似乎帶着輕鬆意味的一幕，是一位外國記者所目睹的，他對我們的戰士表示了五體投地的敬佩。他說：中國的兵士實在太偉大了，勇敢固可貴，他們的鎮靜工夫該是更可貴啊！

八點鐘起，敵人在西面交通銀行堆棧裏駐下重兵，和我們孤軍八百形成了對立陣勢。對河沿着新閘路，市民又開始向蜂蟻般集聚了攏來。全上海的市民們，都在關心着八百戰士們的安危。到了下午，市民們愈集愈多了，他們都朝對河望去，他們看見敵人重圍中的孤壘，他們看太陽旗圍中唯一凌風飄揚中的青天白日旗，民衆們都自動脫帽致最敬禮。在屋頂的平台上，二個勇士正沉着地守着一挺高射砲，等候着敵機的光臨。在下面，三三五五的敵人在殘缺和餘燼未熄的瓦礫裏，鬼鬼祟祟的行動着，在佈置着什麽惡毒的鬼計。比較遠處的垃圾橋蘇州河邊，二十來個敵人正在打着旗，給在六層窗口防守着的一位勇士發覺了，他似乎並未經過什麽猶豫，把手溜彈縛滿了周身，剎那間越窗對準敵人羣中跳了下去，震天的爆炸聲震動滿個人的耳鼓，看見勇士和敵人們的頭身四肢正在半天飛舞。

這種作戰的精神，更廣泛地爲各階層市民所感動了。窮人們沿北京路到新閘路一帶的燒餅店，做了大量「加料」的燒餅去慰勞孤軍。幾條弄口的小車夫們，他們亦大家湊集了十塊錢，買了一籃饅頭去供獻。難民收容所的苦人兒們，也一致要求絕食一天，把食料節省下來的錢去慰勞眞正爲國家民族而戰的勇士，富人們，一卡車一卡車的麵包，一包包的餅干，紛至沓來地表示了他們愛護戰士的熱情。『八十八師謝團附晉元楊營長瑞符所率領死守閘北據點之八百壯士，志在以身殉國，精神發揚足可動天地而泣鬼神，』蔣委員長特致電佳勉，最高領袖亦已致予了最可貴的鼓勵。

三十日，是孤軍苦鬥的第四天了。四天來，勇士們的血，始終像湯沸樣在煎滾，勇士們的心，始終像鐵石樣的堅忍。敵人猛烈的炮火，不斷的射擊，一切恫嚇和死的威脅，絲毫不能動搖視死如歸的決心。勇士們各在他們防守的崗位上在盡他們最後的責任。

清晨，是灰色陰雨的天氣，蘇州河北的氣氛更晦澀了，好像魔鬼的黑幕籠罩了大地。一扇大的新鮮的青天白日國旗又漸漸上昇了，衝破黑暗，在寒凌的空間儼然獨立，象徵着中華民族前途的光明。

孫元良將軍，是孤軍八百直轄的將領，含淚寫下了一封勗 的書信，乘着朝暉未發前的便利，致送給他部屬的鬬士：『謝團附，楊營長，暨我諸忠勇將士們，余頃在××

前線，余之心魂與將士同在閘北。余奉命經營閘北國防軸心，保我疆土，諸同志奮勇却敵，固守二月有半，倭敵終未能越雷池一步。所以報國幸不後人。近以一髮之動，全線西移，本軍亦奉命轉移陣地，而以最後守衞閘北之責，付託我忠勇之諸將士。諸同志能服從命令，死守據點，誓與閘北共存亡，此種堅毅不拔，臨危授命之精神，余與全軍將士同致無上敬意。我中華民族自古多果敢赴難之士，岳家軍屹然不動，戚公兵懔然殺敵，以身許國，浩氣長留天地。我國民革命軍賦此美德，重以最高領袖蔣委員長之教訓，不吝犧牲，早抱成仁之決心。此役殺敵致果，實開震天動地之歷史偉績，我黃帝兆億子孫，全世界千百萬後世人，必以血誠讀此史頁。諸同志孤守閘北已三日矣，敵之畏葸與我之勇敢，已爲舉世所共見。滬上中外人士交口欽佩，民衆奔走援助，咸負「如可贖也人百其身」之願。此誠我中華民族之光榮，亦我國民革命軍人之光榮，望繼續奮鬥，完成抗敵使命，流最後之一滴血，我最高領袖蔣委員長於諸同志之壯烈犧牲，殊覺嘉慰，余敬以轉告。孫元良，十月二十九日。』

軍長的勗勉書送達後，帶回了謝團副激昂的覆書。在信裏，他代表了八百勇士發出了鐵一般的誓詞『軍人以服從爲天職，衛國保土，職責所在，灑最後一滴血，必與倭寇索取相當代價，苟一槍一彈，亦必與敵周旋到底！』

中午十二時，一個嚴重的消息傳來了。敵人們爲了槍炮無法動搖我們孤壘。他們在計窮技絕之餘，已計劃着從敵人據點掘發一條地溝，這地溝將深深地通到我們孤壘的地底，他們將在地溝裏放下鉅量爆烈的炸藥，施用鬼樣的毒計，準備把我們孤軍和孤壘轟成粉末。

熱情的市民們，有的開始在流着耽憂勇士們安危的熱淚，因爲他們是太關心太愛切了。但是當這消息傳到孤壘裏去以後，這鐵的一羣，他們的心仍像死水一樣的穩定，不慌張，更不露絲微的驚恐。是的，他們早已待候着這最後機會的降臨。他們知道必敗，亦知道必死，但在一息尚存之前，每人仍舊緊緊把握着他們的武器，以拼死的決心，要向敵人算清最後一筆的血賬。

魔鬼們，你們轟炸吧，即使你們炸毀了我們戰士們的軀壳，不能毀滅我勇士們豪氣長存的心。你們炸掉了我們孤軍八百，我們正預備着千萬的「八百」來和你們拼個「山窮水盡！」總有那末一天，用你魔鬼們的赤血，來供祭我們不朽的英魂，看着吧！終有那末一天！（一九三七・十・三〇）

本稿付印的後一天，我孤軍苦鬬已整四天。敵人大舉毀滅四行倉庫計劃已開始發動，我最高軍事領袖，對這八百壯士視死如歸，忠勇愛國的精神，亦深爲感動。惟以現值長期抗戰期中，國家所期於這八百忠勇壯士者至深且遠，如坐視軍孤死守，壯烈犧牲，亦爲國家莫大的損失。遂決定諭令這八百壯士自動撤退。八百壯士對於最高領袖愛護袍澤的熱忱，亦均感泣淚下。不得不服從着嚴格的軍令，忍痛離棄可寶貴的閘北最後陣地。乃在清晨二時十分，在敵人重重包圍的局勢下，以神祕莫測的行動，整隊退出最後的堡壘。四日來最後飄揚在閘北高空的國旗，亦珍重帶出。這空前壯烈的舉動，至此告一段落。但是，這不是「退卻」，這將是八百戰士準備以他們的血肉，博取敵人更高代價的奮戰的開始！

十月三十一日編者追誌

閘北孤軍退出記

問津

記者昨天在細雨濛濛的午後，抱着滿腔的熱誠，到一個醫院慰問負實際指揮孤軍作戰受傷的楊瑞符營長。楊氏面容很消瘦，而精神則出我意料之外的奮與。他的傷在小腿部，他讓我看時，一肢壯健的小腿部，在無數層的紗布纏繞中，依然精神的良好，想在最短期間可以痊愈的。

我剛剛坐下，就有極濃馥的香氣撲來，仔細看看，原來他的床邊、桌上，都擺了好幾盆鮮花，有一盆是無名女郎送來的。我正預備談話時，該院護士長湯競羣女士又送一大盆菊花來，整個病室在芬芳的籠罩中。

『我這次很遺憾，殲滅的敵人不多，既未成功，又未成仁。……』楊營長首先謙抑地說。

『你這次既掩護了大軍退却，又殲滅了許多敵人；現在全部安全脫險，今後在長期抗戰中更將大建功績，還有什麼遺憾？』我很直爽地作了幾句解釋，並希望他談談他們全營苦鬥的經過。

『好，我為你從頭說起：十月二十六日晚十一時，們奉了留守閘北的命令，即率部向四行倉庫集中，當時砲火猛烈，軍隊分散各處，不易很迅速的集中起來。我命傳令兵分途出去，先由北站防地集合了一連，開到四行倉庫；我帶第二連續去，三連與機關槍連隨後也到。

『因為事前毫無準備，所以一直到午夜二時許才完全到達目的地。第一步先收拾炊具，找尋些必需的柴木，然後偵察地形，佈置陣地；開始構築工事；並破壞了全部電燈，以便軍隊隱蔽，並免敵人利用電線放火。到一切部署差不多時，天快亮了。

『晨六時，在蒙古路附近旱橋警戒的一排兵前來報告說：敵人前進了！接着警戒兵一面迎頭痛擊敵人，一面逐步後退；退到本陣地時，已經七時半了。那時北站大樓上，已插上太陽旗了。但是敵兵還未敢輕進，先用砲亂轟了一陣，見我軍還擊聲稀，才到處放火，實行所謂「威力搜索」』

他談到這里，病房內外已雜亂地站立了七八個人，都在靜靜地傾聽他的敘述。

『到下午二時許，敵人進到蘇州河邊，開始向我們進攻；警戒部隊立即應戰，庫內部隊仍趕做工事，敵來勢很兇，一面猛襲，一面放火，與我軍激戰二小時，敵傷亡達四五十名，待我警戒部隊退到四行倉庫時，敵又跟進，堵住倉庫門來襲。』

當時大家的面容，顯然受到他的感動，緊張起來，等候他說下去。

『那時我們的工事還未作好，所以我一面派兵堵門迎擊，一面派兵到房頂去投彈；投了二個迫擊砲彈，幾個手溜彈，倉庫西南牆下，就擊斃敵兵七八名，傷二三十名，其餘都跑走了。遺棄槍枝四五支，直到我們撤退時，還在那里放着，因為我們派兵監視，敵始終未敢拿去，遺屍都是由警犬拖回的。』

他剛說得興奮了，要繼續說的時候，一個女護士送來一碗藕粉；他在大家催促之下匆匆說下去。

『二十七日與敵激戰前後三小時後，敵人已知我軍不可輕犯，靜寂了兩天，少數敵雖屢圖偷襲，均經我軍擊退。我們大部隊專門拚命做工事。這所倉庫，真是一個「天然堡壘」，儲存了幾千萬包糧食，第一二三層樓都是小麥雜糧之類，四層與五層，是牛皮與絲繭，都是很有用處。一層至三層，我們作了三天就完全告成：將每個窗戶門口均封閉了，南牆邊的麻包堆積了五公尺厚，北邊各門口築有十公尺厚，都是從地板到屋頂。第四層因為材料不夠，並為引誘敵人多多消耗彈藥，實際我們無人住在四層樓。第五層工事昨天已完成，這層工事非常好，比敵人侵佔的交通銀行倉庫高得多，我們完全可以控制敵人，敵人對我們沒辦法。』

大家正聽得痛快的時候忽然走進來一位十六七歲的童子軍向楊營長深深地鞠了躬，表示敬意以後，默默地站着聽話。

『昨天我們只顧在五層樓做工事，只派少數兵應付敵人，敵雖來不斷攻，我們在裏邊根本聽不大清楚，讓他去瞎攻，消耗子彈，我們子彈寶貴得很，沒有優良目標，決不放一槍。

『到昨晚（卽前晚）十一時，我們作好了第五層工事，還剩了許多蔴袋，正打算放在屋頂，防敵空襲，忽然奉到撤退命令；同時敵人攻得漸漸緊了，所以我們預定五日完成的工事再未進行，否則屋頂與第四層工事今天均可作成了。』

這時，有女護士來試溫度，按脈搏，所以沉默了幾分鐘，有人還送來鮮花籃，楊營長說：『我眞是受之有愧！』

『我們除忙着做工事外，還注意到防火、照明、衞生等設備。其次，簡直沒有水喝，倉庫里的水管都沒有水。後來在蘇州河邊一所破房子中才弄了自來水，但是恐怕敵人破壞了，所以在每層樓放一個水桶，把大家的小便都藏起來，以備防火之需。我們用棉花打成捆，濺些煤油點起來作照明用，凌空擲下，同時還用一個棍子，綁上繩子，繫上民衆給我們贈送的大號手電筒，一人持着，將身子隱在一邊，一人向下投彈，另外還可以打信號槍。

『我們在北站與敵人戰了兩月多，敵人的一切，我們都曉得了；他們有的就是大砲飛機與戰車，可是我們已經有了對付的經驗，老兵一點不害怕，就是補充的新兵有時吃虧，他們的步兵太胆小了。

『在這里，工事這樣堅固，戰車原本衝不進來，重砲用不着，飛機因爲這個倉庫到底目標很小，不易投中，稍稍不準，就要拋到他們自己陣地。』

他說着並用水筆爲我畫了一張陣形，證明敵機的無用，絕對不敢直下轟炸；就是直下，我們也有防空設備，屋頂上早有兩架高射機關槍等着。

『最怕的，是敵人在倉庫附近隱蔽的地方，挖掘地洞，用炸藥炸壞了牆，同時用戰車來衝洞口，那就不好應付；所以我們在晚間不斷用電筒向外來照射，如發現有敵人活動，馬上就投彈。至於敵人用平射砲亂轟，實際毫無效果，這倉庫比北站大樓堅固得多，全是紅磚紅士敏土建成的，我們打一個槍眼，也得費五個鐘頭。加上我們的四晝夜的工事，外方打步鎗裏邊有些地方聽不見，眞可說「有恃無恐。」我認爲長期抗守很有把握，毫無問題。民衆在外邊爲我們着急，我們在裏邊到「視若平常，」因爲一方面我們都有犧牲決心，一方面成功頗有希望，成仁符合我意。

『我們沒有不達觀的地方。大家關心的只是我們工事沒有完全作好，有這樣多的蔴袋供我們使用，有這樣多的糧食，作我們軍食，有這麽多英勇的兄弟……實在捨不得。我同謝團附離開這陣地時，忍不住都落淚了！』他說着，眼圈似乎有點紅暈，又要落淚的樣子，我也全身發了熱，趕快脫了大衣，又向他解釋說：『你們的撤退並沒有什麼遺憾，我們不是要長期抗戰嗎？』

『是的，軍人以服從爲天職；我們守是奉命，退也是奉命，而且是冒死退出的。我們退出的路口，敵人佈有四部機關槍，並有照明燈，我們打壞了一架，敵又裝了一架，我們是用兩架輕機槍，一架重機槍保護退出的。我們官兵苦守了四晝夜，大家只趕着作工事，誰也沒睡覺。』

『這次堅守中出力的都有那幾位？』

『那天投彈炸死許多敵人的，是排長殷求成幹的，他因未用棍子打電筒，被敵擊傷了右手。我們對官兵，只求能達到任務，這次堅守的，都很有決心，誰派到任務，誰都可以達到，殷排長機會好，所以表現好。我們這次的決心，是中華人民個個都有的，中華民族能延續到今天，不是偶然的。日本人不認識我們民族的歷史，一定要我們永遠忍耐，到底屈服，必招慘敗。』

他說着，又想了想說：『還有一位上官連長，湯醫官，因爲移防時都在他處，直到二十八日才經過許多堅苦視死如歸地趕來，鑽進了四行倉庫，與大家決心共存亡，都很可佩服的。另外有第三連陳排幾個弟兄，在敵人堵門來攻時，他們在敵機槍猛射中英勇奮戰，爬在地上弄了一臉灰，起來擦擦眼，又向敵還擊，待敵機槍又射，又隱蔽到地上，這樣更番苦戰的精神，都很不可多得。』

『現在事過了，你們當時的兵力分配，可否對我講講？』

『兵力佈置按戰術上分重點與輕點，最要是兩翼，所以我們左翼（即交通銀行倉庫那邊，）右翼（西藏路方面）都配備重兵，中間兵力薄弱。我同謝團附住大陸銀行倉庫里邊，我們的重武器，計輕機槍二十七架，重機槍六架。高射機槍兩架，只要我們堅守下去，定可殲敵不少。』

楊營長是河北省人，中央軍校第六期畢業生，與閩戰陣亡的王作霖團長同期；一二八時在河南擔任剿匪工作，初在第二師，曾參加過許多戰役，八一三戰起，冒了好幾次險。昨晨初次受傷，因見手上有血，始行發覺。

一九三七，十一，一○。

★大時代小叢刊★

—救亡知識的寶庫
大衆文化的課本—

提供正確報導：解剖時事問題

九國公約和比京會議　惲逸羣著
日本的崩潰　祖澄著
上海前線　李女編
北戰場　彭啓一編
血洗大上海　祖澄編
日本的逆流　碧泉著
抗戰宣傳教程　惲涵之著
對日絕交論　鋼鳴編
毒氣戰與防禦　鍾强譯

抗戰民運教程　惲涵之著
抗戰演劇教程　尤兢著
抗戰歌詠教程　孫愼著
抗戰婦女教程　關露著
抗戰先烈傳　陳憲章編
民族英雄點將錄　陳憲章編
漢奸羣像　吉誠編
在上海的日本人　谷本良平
俘虜的供詞　夏衍編

□十一月起陸續出版一律五分□

民國二十六年十一月初版

孤軍八百

—實價國幣五分—

編著者　祖澄
主編者　碧泉
出版者　大時代出版社　上海新聞路一五一六號
總經售　大公報代辦部　上海四馬路第四三六號
特約經售　生活書店　五洲書報社

閘北的血史

抗戰報告文學選輯之六

閘北的血史

冰瑩等著
華之國編輯

抗戰報告文學選輯之六

閘北的血史

冰瑩等著

編纂者 華之國
出版者 時代史料保存社
上海福州路世界里
總經售 上海雜誌公司
漢口總店：交通路六十二號
上海總店：四馬路三二四號
廣州支店：漢民北路二三九號
代售處 各地各大書店
每冊實價二角二分
（外埠酌加郵寄費）
中華民國二十六年十二月五日初版 四〇〇〇冊

目次

弁言

蘆溝橋的砲聲，揭開了民族解放戰爭的序幕；「八一三」淞滬戰爭，掀起了全面抗戰的巨浪，中國——我們的祖國，是向來愛好和平的，爲了受不住日本帝國主義者的壓迫，就不恤運用着短短三年準備的國防建設來和窮兵黷武、整軍備武了五六十年的日本軍閥作民族解放的鬥爭。在唯武器論者、機械論者的觀察，中日戰爭的結果，我們是必敗無疑的了。但是，事實勝于雄辯，這擺開在我們眼前的閘北抗戰，我們到底是勝利了，並且奠定了我們最後勝利的基石。這不僅使全國的民衆驚異，就是全世界，甚至於敵人們也出乎意料之外！

看：三十萬的大軍，半數以上的海軍，三分之一的空軍，具備了機械化的隊伍，新式的殺人利器，從「八一三」到「十二九」，易主將二次，下總攻四次，調援兵五次，結果才衝破了大場一線，我們最高當局在長期抗戰中，不顧無謂的犧牲，才下令將突出部隊，有計畫的有秩序的作戰略上的撤退。這是事實，這是敵人的勝利麽？還是我們的勝利？無論何人都可明白，毋庸解釋的了。我想。

編者是身經上海抗戰六十餘天，才離開了前線的。我們親眼看到，親耳聽到，敵人的飛機，無限制的向閘北投彈，一天最少要拋一二百枚；浦江的敵艦無終止的轟擊，每一抄鐘幾乎有一砲在開放，這樣的劇烈砲火之中，我們的忠勇將士，憑血肉之軀，屹立前線，不動聲色。這是上下數千年，翻遍了中外的歷史所未之前見的，現在，事實擺開在我們的眼前，這不是勝利是什麼？你說。

最後謝團孤軍堅守四行倉庫四日夜，創造下抗戰史最光榮的一頁，不是奉令撤退，到今天也許我們青天白日滿地紅的國旗，還飄展在四行倉庫之上吧！雖然，當本書付印之時，全部將士已放棄了閘北，放棄了滬西和南市，作戰略上的退却，但是勝利還是勝利，委員長說：「放棄上海，並不是軍事上的失敗，」對，在長期抗戰中，一城一地的進退，有什麼關係呢？除非他是準漢奸，才會作失敗想。

閘北的血戰，奠定了我們最後勝利的基石，閘北的血史，詔示了我們民族復興的朕兆，我們怎可不鼓舞忻悅來誦讀這忠勇戰士們血和肉所寫下的歷史呢？這小小一本册子，勝過了十百部的巨大的二十五史！

——肇之圖•十一月二十日漢口——

閘北退却記

滬戰爆發前一日，記者在閘北區域乍遇我軍鬥士，橫槍阻途，英勇之氣，不可一世。使人回憶「一•二八」閘北失陷情景，誠不勝其悲喜交并。「八•一三」後，不圖僅撑七十四日，大場忽焉失守。閘北、江灣之軍遂被迫而作戰略上之退却。五年前之悲劇，不幸今又重演。記者在現役中旅居閘北，甫二十日，遽爾於秋月蒼涼之夜，隨軍西走，當時萬感叢集，儼如中山路上之軍馬，喘息返館，不能自已，因拉雜爲記。

大場在軍事上之關係甚爲重大。蓋此處一失，閘北、江灣卽成四面受敵之地，故欲保守閘北、江灣，必以保守大場爲條件。惜大場守軍力薄，如此重要鎖鑰地，竟輕輕放棄。致使本月九日以來蘊藻浜南之血戰，盡付流水，第一道防線之守勢，亦因而打破。全在內線之閘北、江灣，其守軍不能不行戰略上之退却矣。

二十六日之晨，大場失守之消息傳到，閘北駐軍無不悲憤塡膺。正午卽奉「死守閘北」之命，全軍歡聲雷動，滿擬拚將頭顱，同作壯烈犧牲，不意下午九時又來立卽撤退之命。雖然命令如山，究竟人係感情動物，何況血性男兒，衛國鬭士，眼見此苦守數月之大好國土，即將再受敵人鐵蹄蹂躪，豈不悲從中來。記者對於滬戰向抱樂觀，及遇如斯情景，亦不自禁而感慨唏噓矣。

深秋夜涼，下弦之月，遲遲不上，記者與偵察地形之參謀數人，繞道沿光復路向西徙步，隔蘇州河則租界燈火如晝，市聲漸息，以視吾人於黑夜摸索喘息不寧者，誠如天堂地獄。其時蘇州河北岸已有載滿輜重之舟，咿啞夜航，余等得乘艒艒船三艘，排水前進。過廣肇山莊河面時，清晰密集之槍砲聲，自波上飄來，流彈掠頂而過，墜入租界爆炸者，不計其數。河邊哨兵，荷槍露立，深暗之人體輪廓，由於遠處火光反映，呈出雄偉渾奇之姿態，實足表現我軍沉著勇敢之精神。余等在火車港登岸，展轉始入交通路。時我部隊正陸續向西移動，在敵砲壓制之下，寂然穩步，大有不動如山之概。倘非素質優良，在退走時決難獲得如此成績也。既折而南，入中山路，敵砲數枚，射落左近田間，炸聲甚鉅。適我空軍飛至掩護，敵之高射砲、信號槍、探照燈竟鬧成滿天星斗。惟敵砲則停止射擊，避我發現目標，致受轟炸。我機繞飛數週，在眞如附近投下照明彈數枚，指示行軍目的地後，瞬即飛去。地下部隊在任何環境下，仍用齊一步伐，埋首前進。此種精神，實爲中國復興之徵象。

記者因職務關係，至×××，不得不與同行之參謀告別，獨入租界趕回館中報告。惟因脚傷未愈，步履艱難，時已午夜，租界因戒嚴關係均緊閉戶，僱車不得，踽踽於途，幸遇一九三號西捕，深表同情，載送記者至靜安寺雲飛分站，得一貼有通行證之車，風掣而歸。

回憶閘北於「一•二八」失陷時，敵獲之可利用漢奸胡立夫等進行傀儡組織者，此次閘北之難民，均已跟隨部隊全數退走，決無胡立夫之流再生。敵在政治上得閘北毫無用處。

閘北市區已受敵數月轟炸，幾成焦土，敵今晨侵入時，又縱火搜索，房屋被燬，損失不貲，據點喪失殆盡。敵在軍事上得閘北毫無用處。

閘北經數月之轟炸，夷爲瓦礫之場，工廠堆棧之貨物，如非運盡，早即毀壞。敵在經濟上得閘北毫無用處。

記者今晨再赴租界沿邊遙望，則閘北火舌四起，黑煙瀰天，其中尚有槍砲之聲，顯係我軍掩護部隊尚未退盡，以致再起巷戰者。入夜烟火之勢，直干霄漢，焦臭之氣，數里可聞。

嗚呼閘北！誰其使汝受此荼毒者！

——楊紀•十月二十七夜——

火中的閘北（下）

「保衛大上海」，現在不是空喊的時候了！要緊急執行着「保衛大上海」的有效工作！「焦土抗戰」，我們還未作到驚人的程度，敵人的「焦土侵略」，可說澈底的施予我們了！

不信，睜眼看看！登高一點看看，走到蘇州河邊看看！

我們英勇的將士，在滬與暴敵苦撐了兩個半月，因爲大場一點被敵突破，閘北顯然陷於三面被包圍的狀態中，若不及時撤退，勢必中敵奸計。

一　敵機瘋狂了！

我們有計劃地撤退，早在前天夜間實行了。敵人昨天整整搜索了一天，晨五時許，就派出大批飛機，約達四五十架之多，在滬西梵王渡、大西路、中山路、虹橋路一帶盤旋偵炸，並用機槍不斷掃射。一直到午後五時半光景，才紛紛飛去。

敵機在滬西轟炸時，除在租界區域內炸傷居民百餘人外，最慘的是白利南路上的申新紗廠，雖在砲火中渡過了兩月多，勞資雙方仍努力維持着工作，想不到在我軍撤出整個閘北的時候，還遭受了敵機這樣慘酷的轟炸。

因爲敵機的整日威脅，救護人員不便工作，所以申新職工死傷的確數，到晚間還沒有人知道。據逃出的工友說，至少有一百多人。

記者昨晚七時前往調查時，有許多女工還逗留在梵王渡鐵柵門附近的馬路上，向探捕們訴苦：「先生們，做做好事吧！讓我們幾個人過去。我們的爺爺因爲年老沒有逃過來，一天沒有吃，晚上還沒地方住，我們接他過來好不好？」

「那有什麼辦法，這里過了六點鐘，誰也過不去，就是讓你們過去，也過不來了。」幾個華捕很同情而沒辦法地回答。幾位女工們雖然絕望了，仍彳亍不肯走開。

二　彌天的大火

公共租界工部局的救火車與救護車也馳去了好幾輛，但是停留了好久，眼看着彌天的大火延燒，而沒有辦法去撲滅；分明有好多工人在申新紗廠裏呻吟，也不能越鐵柵而去營救，到底還是空車開回了！

無量數的旅客們，多在旅行社買好了車票，有的來趕六時整的京滬車，有的想搭七時半的滬杭車，都在這裏（梵王渡）折回了。

虹口、楊樹浦、閘北、江灣……淪爲戰區以後，有錢的人家可以逃到租界，或者散往各地，惟有許多貧苦市民，逃旣無錢，租界居亦不易，於是迫不得已，只有暫住在靠近租界的滬西近郊。

不料，我們軍隊撤退第二道防線後，敵機竟施瘋狂地轟炸，尤其是瞥見了平民草棚，好像遭蠻野獸的眼中釘，轟炸還覺得不夠，竟用機槍低飛掃射，迫得成千累萬的貧民，扶老攜幼地逃向租界。

三 逃不出死亡線

在敵機淩空肆虐的時候，租界方面還可以冒險地自由來去，據說逃入租界的有五千多人。等至敵機散去，鐘敲六點的時候；租界各處鐵柵封鎖了，迫得約莫一萬五千多難民走頭無路，只有蹲在地上等天亮。飢寒交加，敵機來襲，機槍如雨點般的掃射下來，誰也無法避免！

敵人轟炸難民還不夠，凡在蘇州河北岸的民房，都成了敵人洩憤的對像，在所謂「威力搜索」的情勢下，我們商民不知幾千萬間的房屋，都被敵人縱火焚燒了！

四 悲壯的鬥士們

記者於昨午後五時許在新垃圾橋前北望時，敵人引起的火焰高數丈，整個北區都在紅光的圍繞中。在煙霧瀰漫中，仍不斷有機槍與手榴彈的射擊聲。據說，我們的掩護退却的部隊，仍有數百人堅守蘇州河北岸的幾個據點內，敵人雖用火力威逼，但是我們的英勇將士，早把生死置之度外，不會屈服的；並且在敵人冷不防的時候還殲滅了好多個。昨晚聽說他們只請求軍部補充他們一週食粮：一切不必顧慮了。這樣的壯烈精神，將予敵人以巨創！

沿蘇州河西行，在烏鎭路橋的北面，福源福康錢莊聯合倉庫、江蘇銀行第一倉庫、交通銀行倉庫幾所大房的後邊，都在少數往來梭巡的敵兵監視下，起着無邊無緣的大火！

五　一座火山口

在新閘路橋的南岸，記者正在視察時，忽然蘇州河里飄來了一隻難民船，滿滿地載了約莫有二十多個人，由一個「道士」裝的男子與幾個帶輕傷的婦人駁動着。

「喂！你們從那裏來？」記者驚駭地問。

「先生，救救我們呀！我們房子燒光了！」一位老年婦人大聲着哀呼，沒有顧得切實回答我。

「你們到那里去？」一位同行友人又問。

「到那邊去，」這句話剛剛答出，船就匆匆開去了。記者又繼續前往麥根路，蘇州河北岸的「同德洋棧」的房子，正像一座整齊地的火山在爆發着，三五個敵兵很得意地看這蔚藍天色陪襯的金黃色火花，不知愉快到何等地步！

宜昌路橋北的中央造幣廠建築，敵機敵兵均未毀滅，可是近旁的「大隆鐵廠」，早經炸毀了！附近的平房，也於昨晨十時燒完了。

記者驅車歸來時，半個大上海還在敵火包圍延燒中。

——申·十月二十七日——

梵皇渡頭

——值得敬愛的英國兵——

隨着大場我軍的南撤，江灣閘北的守軍，在昨晚十時奉到撤退的命令，在一度攻擊的掩護下，全師向滬西移動，這是不是在戰場我方主力戰敗的結果呢？不！我想，凡是對戰爭稍具常識的人，一定知道這僅是全部抗戰中爲適應某種戰略，避免無謂的重大犧牲而出此。有人以爲我軍將放棄大上海那也是一種杞憂，我軍決不會在絕對有放棄大上海的必要以前，任整個大上海淪陷敵手的。軍事當局已表示決心確保滬西和南市了。

局欲明瞭滬西的實况起見，昨天下午一時許，在巡視了蘇州河南岸的情况，遙望着整個閘北像大溶爐似的在吐着烈焰，黑煙和火舌奮怒地向藍碧的秋空狂舐後，便向西穿過曹家渡的平民的鬧市，到梵王渡一帶去視察一次。

曹家渡一帶是由意兵駐守的，路中的砂袋堡壘像經過雕琢般的齊整而美麗地躺在地上。他們分隊在人叢中穿來穿去。可是市街上仍是由市警察維持治安，指揮交通。不同的，只是一個多月來漸趨安定的市況，比較稍見忙亂，最顯著的，便是迎面而來的難民的行列。

車子在凱旋路的北端停了下來。我沿着靜靜的蘇州河，穿過安置在路上的鐵絲網，向滬杭甬路梵王渡鐵橋走去。鐵道口的柵門由幾位英軍管理着，陸續讓要求進入越界築路區的難民們從門縫裏擠進來。他們手裏雖然握着鞭子，却用來指揮。三四個外國攝影師，有的用鏡箱，有的用活動攝影機，在柵門外攝取難民們扶老攜幼、肩挑背負、顛沛流離的慘狀。

這裏難民，大都是大場閘北和眞如間這一三角地帶中各村落的居民，是敵機費了七十多天的轟炸所剩下來的。也許是太意外，也許是前方的景象太恐怖了，所以不論他們已是走了七八里，抑或一二里，他們都已經顯出極度的疲乏，衣服散亂，神色倉惶。大部分的人都是步履蹣跚，沿途顛躓。他們臉色蒼白，眼睛都失了神，失去了中國人民眼睛裏所常具的和平而樸素的光芒。

我走上鐵橋東邊的人行道（現在北端是被堵塞了），對着蘇州河北的高低起伏的田野瞭望。秋陽和春日同樣光彩和溫暖，郊景依然如舊。只是，每一條射向鐵橋的村道上，都只見黑壓壓的一條線，避難的同胞，像螻蟻般向南爬來。這時，在遠處可以聽到疏落的槍聲，間或是一二響的小鋼砲彈的炸裂聲。敵人的飛機很低的在不遠的空中成羣來去。那飛翔的姿勢似乎在自豪着，這一次我軍自動的暫時撤退將登入他們的功勞簿一般。

大多數難民在走到鐵橋北端都似乎要昏倒。但仍掙扎着很費力的一步步跨過鐵橋的枕木。老婦和孩子們的步武是不夠枕木距離的，於是跌的跌，爬的爬，叫的叫，哭的哭，那直可說是極盡了人間的慘象。凡是人類，除了是日本的殺人不眨眼「劊子手」，那以轟炸平民和不設防城市的日本空軍，誰都會油然起同情之心。

啊！我從來沒有對英國兵起這樣的好感。他們捲起袖管，用那粗壯多毛的手臂，從橋的彼端一次次的一手抱着一兩個正在駭得哭的孩子，一手扶着或抱着龍鍾的老婦或無力行走的婦人們走過橋來，一担担代難民們把衣被或食米挑過橋來；他們流着汗，一次一次，我在那邊的二小時中他們始終是那麼像對自己的家人般眞誠地對難民們援手。我親眼看見難民們對他們感激得落下淚來，我親耳聽見難民們由衷地訴說的感謝話。我知他們雖然不懂得，却也並不是希望人們的謝詞。我第一次看見眞眞的「人」。——他們那種勇於助人的精神，實在使人敬佩！

一二二二號華捕（後來知道他叫做嚴秉衡）也是最出力的一個，在橋上只有他一個中國人。他幾乎把全力援助難民。他說：「我沒有錢捐助給國家，可是我有氣力援助人家却是應該的。」他是一個年青壯健的北方人。我和他拉手，用對英國兵的敬意和他拉手。

難民們走過鐵橋後，大都沿着蘇州河向西去。我不知道他們的目的地安在。那邊正是未來的大戰場，要求比較安全，還是沿鐵路線向南。可是，我無法對每一個避難的同胞訴說。

日本空軍依舊對難民轟炸。我爲一個十三四歲的姑娘包紮創口。她的手臂上段給彈片剷去了一大塊。她只想逃，却忘記了痛，忘記了不讓血流出來。我一時找不到繃布，我身旁的一位外國攝影師的太太却慷慨的遞過一塊美麗清潔的手帕，我用常識爲她紮緊，使不再讓血流出。另外有一個五十多歲的老人，前腦給日兵一槍打中了，一個美國兵把他扶上了自己的救護車開走了。

正在這時候，梵王渡的戰事開始了。在鐵路橋之北不遠的一塊高地背後，突然發出了清脆而連貫的自動步槍聲。目標正對着河南我們——英兵華捕們和難民們。這使橋邊的英國兵都出乎意外，我們顧不得許多男女老少的難民正癱瘓似的坐在地上的難民，最先急忙尋覓一個隱蔽的所在。可是四週都是田野，我們，兩個英兵和攝影師夫人乃一同倒在路邊的水溝裏去。很淺，我們只得把胸部和面部緊貼在水溝的斜坡上。英兵也把子彈登了膛，準備在必要時射擊。河南的鐵路的彼方，立刻以同樣的槍聲向對方復報。我們竟沉陷在火線的中央了。

對方的子彈「飛——」「飛——」的從我們頭上掠過，也許是太高了，也許是我這靶子沒有擺好，我僥倖地沒有受到什麼「刺戟」。可是，我不能不走，我不能斷定這戰事會延長到多久。到後來，我只得在對方的槍聲一休止，便向梵王渡車站方面逃。一路尋覓着掩蔽物。當我躲在一輛奶油色轎車側面的時候，我覺得這車子會躦進好幾顆子彈。假如沒有那輛車，敵人的兩顆子彈或者不會做廢物吧？

我最初找到的掩蔽物離開對方至多只二三百米光景。到了愚園路，只才覺得安全了一些。

歸來時（二時三刻），幸運地看到兩架敵人的飛機給活生生的打了下來。一架整個的墮下地來，落在北新涇方面我軍的陣地裏。另一架整個的墮下地來，一架在天空中爆裂了，機體粉碎，機師用降落傘徐徐墜落我軍陣地，假如他沒有死的話，也許會在南京一度作客吧！

——張常人——

大戰東林寺

一　排長胡玉政開到東林寺

排長胡玉政揹着他的槍，帶好了手榴彈，領着他的一排弟兄，隨着連長開到東林寺去担任守備職務。那正是九月二十六的夜裏。天上沒有月亮，四野也沒有人聲，黑越越地，他們就摸索着走，夜風帶着潮濕的寒氣，吹在他們每個人的臉上，但是他們沒有覺得，因爲他們的心思完全注意在長官命令他們去守備的東林寺去了。

東林寺本是一個廟宇，地勢很高，是我們全陣的凸出地方，那兒可以觀察敵人的陣容，也可以射擊敵人的要點，所以敵人也要爭奪這個地方，東林寺不但是地勢好，而且風景也很美麗。好像水滸傳上說的「寨子」一樣，三面都是小河圍繞着，只有前面是一片稻田，微風時時把清香的氣息吹送到人們的當前，使得在這裏人們都覺到有一種特別的清爽。

胡排長到了那兒的時候，天也快要亮了，他們也沒有吃飯，好在一頓把飯對於他們也算不了什麼，就是幾天不吃，也滿不在乎。

寺內空空地，沒有人，也沒有東西，剩下的只有一些稻草，胡排長奉到連長的命令把衛兵、哨兵統統都佈置好，然後才把稻草鋪在地上，把槍彈當作枕頭，隨便地躺着休息，他是睜開眼睛等待着天光。

二　東洋兵有什麼可怕呀

天已經亮了，太陽從遠處的雲裏射出光芒，原野顯得格外幽靜。忽然槍聲響了，劈劈劈、劈劈劈地響了，紅色的火花在蔚藍的天空中直向東林寺射。有一隊東洋兵在密密機槍掩護之下開過來了，他們在搜索，他們在找要點。他們的眼睛，像老鼠一樣四面偷看。

「對準開槍！我未說放，就不要打！」

大家都握着槍，散開了，靜靜地等着，東洋兵好像勝利了一樣，越來越近，連長說了一聲：「放射」第一顆子彈已經嘶地一聲飛出去了，接連就是喙喙喙的聲音。

「退了，退了！」胡排長很神氣地叫了。

「哈哈！東洋兵眞經不得打。」上等兵劉益山帶着非常驕傲的口氣，恥笑着那一隊聽着槍就向後轉東洋兵。胡排長也帶譏笑的口氣，他說：「皇軍就是這樣，哈哈！」

「不要這樣，東洋兵的鬼計還在後頭。」連長這樣說：「現在休息一下，急速準備。」

「東洋兵有什麼可怕呀？一點胆子也沒有！」上等兵劉益山又說一句：「咱們吼一聲，他也要跑退八里路。」說着，他嘩地一聲，把他的槍搭到肩頭上，很安閑地走出廟門去了。

三 原來是敵兵來了

眞的，二十九日的清早，天還沒有十分明亮，大隊的東洋兵又開過來。連長指揮着弟兄們拼命地抵禦，但是來勢太凶，遍田遍野只看見密密連連的東洋兵直衝着前進，胡排長看着這樣的情形，急忙回頭一看，他後面躺着的都是帶了傷的弟兄，而且直挺挺橫在地下的都是被槍打得咽了氣的屍體，他想：「難道今天還要敗在東洋兵的手下嗎？」這一下他著急了，然而有啥辦法呢？他只得不惜子彈，密密地射擊。

東洋兵逼得更近了，連長也帶了傷，胡排長這時更感到自己的孤單。然而東林寺這一所美麗的地方，這一個戰爭的重要地，怎能隨便給東洋兵佔去？他一面不停手地放槍，一面叫

的軍官悲觀起來了，連忙推出他們的輕砲和重砲，對着東林寺轟擊，他想：「估不到，我就轟滅它！」砲聲像打大雷一樣，砲彈一個個都打中在廟宇的牆頭，東洋兵也跟在大砲彈下面衝起過來。

我們的輕機槍，射得太多，忽然打不響了，東洋兵却凶猛地衝到了牆下。趙營副一點也不著急。他好像看慣了，滿不在乎地說：

「弟兄們，上去，請他們吃手榴彈！」

這時已經到了短兵相接的時候，手榴彈猛烈地爆炸了，趙營副好像打野狗似地，自己拿起手榴彈連連向東洋兵抛擲，一連打了十幾個，中彈的東洋兵有五十幾人倒在地下，一動也動不得。將要衝過來的，反身就逃，遠處的稻田裏，東洋兵又忙忙地在築戰壕。他們要認眞地和我們對壘，戰壕築得相當的堅固，砲口就對着東林寺轟擊，天天他們都想衝殺過來，但是總沒有一次遂了他們的心願！每次都被中國兵打退回去。

六　一把掩埋死難伙伴的鐵鍬

十月二號的早晨，天剛剛亮了，靜靜的蔚藍天空，邊際上現着一條條的金色雲彩。空氣新鮮極了，它使得過餘疲勞的戰士們，都能在沉睡中恢復他們的精神。這是大自然賜給勞苦的好人們的唯一的安慰。可是野獸般的日本兵，他們却正要在這個時候來殘殺。

東林寺對面的砲火又響了，開花彈一碰在牆壁上就要吃人們的血肉，可是那沉重的不通人性的開花彈，它就偏要撞到牆壁上來，而且還要往我們弟兄們的身上鑽去。

班長潘玉林他忙忙地扳開機關槍對準東洋兵衝過來的敢死隊掃射。二十幾個東洋兵都吃着子彈像得了軟脚病的一樣，身子一偏就倒在稻田裏面。

東洋兵的敢死隊多得像戳破了的蜂巢一樣，成羣地踏着稻子擁起過來。班長潘玉林乘着他們不當心的時候，趕緊衝到廟外對準他們拋擲手榴彈。東洋兵的敢死隊像得了急痧症一樣，一排一排地倒在田裏。

東洋兵的敢死隊衝到廟邊來的時候，已經死得只剩四個人了，這四個人被他們的中尉帶着，還是拚死地往廟內衝來。

廟宇內面，廟宇外面，滿地橫陳着的都是屍骸，我們的戰士的屍骸，我們的戰士還生存着的也只有五個人員。而且胡排長已經受輕傷。

東洋軍的中尉富田義信帶領着他的四個敢死隊員，衝進廟宇來毫無人性地就踏在屍骸上走。殺人的凶焰，已經把他們的眼睛燃燒起野獸般的光芒。胡排長這時急忙扳動手上的連槽，對準着那個東洋軍的中尉打去。可是槍機失了效能，連扳不響。一霎眼中尉富田義信持着他的戰刀對準胡排長刺來，像閃電一樣，胡排長的手上抓着那一把鐵鍬，那一把掩埋他死難伙伴們屍體的鐵鍬。再也沒有那樣快，再也沒有那樣乾脆，嘿地一聲，就把那位「皇軍」中尉送到天堂去了！

班長徐愛山在中尉的身上解下他的戰刀來，毫不容情地砍死了敵人兩個，所謂的敢死隊員。這時上等兵劉益山已經身上吃了兩刀，雖然他的鮮血和着他的熱淚沿着他的臉上直流，可是他沒有放鬆他手上的刺刀，是爭活命是報大仇，是保守祖國的土地，他無情地殺盡了衝進廟來的東洋兵！

七　我們身上沒有「神」

胡排長、徐愛山和劉益山三個人把敵人殺光了，他們坐在地上緩了一口氣，也顧不得自己的傷痕，先去把稻田內敵人的機關槍和步槍拖過來埋藏着，然後回頭來在幾位「皇軍」的敢死隊身上一搜，中尉的身上，不但有軍用地圖，不但有陣地上的重要文件，而且還有一個特別的東西——一張護身符咒，上畫一尊神像——上面寫着：「保平安。」

「皇軍」，不但有飛機大砲，而且還有神。只可惜那些神，並不能保衛得着殺人魔鬼的活命！我們的胡排長，他既沒有飛機和大砲，身上也沒有帶着神，他只有一顆保衛國土、服從長官的決心，他帶着傷口上的血，殺死了敵人！他忍着痛心的淚，守着了的陣地，奪獲了寶貴的戰利品！

——胡蘭畦·十月十六日——

軍中三日記

一

傷風老是不好，從婦女慰勞自衛抗戰將士會出來，跑去看醫生，誰知醫生早已回到四川去了。找別的醫生的鐘點又不適當，回到慰勞會也不好，因爲再過半點鐘我要應程遠先生之約，到她辦的第十四救護醫院去給傷兵播音，想去想來，還是回家去等半個鐘頭好了。回去時，金先生告訴我說有個楊迅之打電話來過，他住在新惠中旅館，請我回來時就打電話給他。我眞想不出這樣一個名字的朋友，我想一定是在北平被日本人扣去的楊一之回來了，我馬上就告訴劉思慕說楊一之回來了，他拿起電話就打，誰知楊先生已經出街去了，我又問金先生他電話上說些什麼！

「他從前線回來的，明天就要去，他說十年前是胡小姐的熱朋友。」

「前線回來的？十年前的熱朋友？姓楊？」我想：「難道還是我十年前受訓時的那位莊嚴慈和的楊區隊長？」我老早聽說他已經死了，難道還活着。我雖然想不出他的名字，但是總不會叫迅之。好奇心驅遣着我又給新惠中旅館打一次電話，請楊先生回來時打電話給我。

我去看了病回來，果然電話來了，這聲音熟極了，還不等我問，他就急忙地說：『我是××呀！』

「呵，是你！天曉得，鬧了半天，——之，迅之總沒弄清爽。咳！你在那處呀？」我說：「你在那裏呢？我來看你，好不好？」

「你幾時有空？我來看你好了。」他說：「我現在飯館吃飯如果你有空，我吃完飯就來。」

「我本要去看一個朋友，現在不去好了，請你吃好飯就來！」

一個瘦得只有一張皮，面色蒼白的青年的影子，活潑潑地在我的腦筋裏出現了。我記得九年前在南昌遇了事，我們都非常倉忙，我到他的家中，連他的妻子都沒有看見，我們就分手了。事情很簡單，因爲他幫助一個落難的朋友，受了很大的牽連，影響到幾個朋友的去留。雖然是發生了這樣的事，但是沒有人抱怨過他，因爲這些朋友都很瞭解他是一個富有革命熱情的青年，他純是爲了幫助落難的朋友。想到這件事，我又想起在南昌的一班朋友，計算起來，已經死了很多，而久不通消息的××忽然而來，眞是高興得說不出來，我從金先生的電話室走到思慕的房間又從思慕的房間走到金先生的電話室，我口中就是唸着：「他從前線回來，明天就要去。」而我的腦筋中老是縈系着一個文弱的書生。

吃了晚飯，我就在家裏等他。門鈴一響，我就自己去開，果然接着了，兩個穿軍裝的，一個穿長衫的，恰恰這個穿長衫的並不是××而是申報館的陳賡雅先生，而我所想像的文弱書生，現在已經成了一個彪形大漢，穿着軍裝，簡直是個偉大的軍官。我失聲地叫了：

「呵！要是在路上，我簡直就認不得你啊，偉大偉大！」

「誰也認不得我了，從前就瘦，一胖起來就胖得不可收拾，越用體力，就越胖，想減輕一磅也不可能，眞是討厭得很！」

「偉大得很，不要灰心，再加幾磅簡直像銀行家，我們都可以向你要錢用了。」

彼此經過了許多苦難的十年舊友，話匣子打開了，從過去的朋友，過去的工作，說到現在的朋友，現在的工作，說到他的愛妻，他的小孩……像開了河流一樣滔滔不絕，一直說到十點半鐘，快到戒嚴的時間，他們才去。我把他們送出門外，直看見他高大的背影轉出了弄堂，我又回想起十年前共同工作的一班純潔的青年和舊友。

二

我和楊幸之去看何先生，他是代表×將軍去給何先生致謝的，因爲何先生送了前線將士很多慰勞品，所以他們前線回來的人，多半都要去看她老人家。在談話之後，何先生叫我去慰勞×將軍，我就決心和幸之一道去。

這天下午我已準備好了，幸之來電話說要明天才走，就在這天下午第×軍的溫處長又來接我們到第×軍去。何先生又來電話要我去，因爲我問好了次日可以回來，我就決定先去第×軍。但是溫處長領着我在上海市內兜了兩圈風之後。他說車子出了毛病，我們並不曾出上海市，就各自回了家。這就算是慰勞了第×軍。

第二天下午，我去到新惠中旅館，幸之高興地接着我，他說：「萬事俱備，只等車來！」但是，常常都是爲了車的緣故，延誤時間。幸之急得不得開交，他說：「眞正糟糕！」

「急有什麼辦法？」

「再走不成，我要急死了。」他說：「你看：天黑了怎樣走呀！眞的，我要自殺了！」

天，眞是不客氣地黑了；而且還下起雨來。正說着，申報館的陳先生來了，他看見車還沒來，他一定要請我們吃晚飯，正因爲車沒有來，我們誰也不願離開此地，怕給車子錯落了又來著急。陳先生又慇懃得很，終歸還是去叫了麵來，正在吃的時候，下面的喇叭按得咕咕直叫，幸之臉上的肌肉一下就放鬆了，眉頭也展開了，接連地說：「來了，來了！」於是我們都準備着走。

起身時，兩部車一齊走，但是車夫娘子又害了病，得先回去安頓一下，好在只停了兩分鐘就向前走。這時我忽然看見後面的一輛車，是用繩子綁在我們的車上在開駛，我大吃一驚：「爲什麼這車是掛着走？」我說：「這怎麼可以呀？」我曾經吃過車子在半路上抛了錨的苦頭，所以盡力的提出警告來。幸之不但不告訴我，而且做出非常神祕的樣子，他說：「這兒有個秘密，而且是不能宣佈的秘密。」眞是奇怪，我就想不出來，陳先生看着我想不出來的神情，於是他說：「請的領港。」」我終於是在這四個字的中間，似乎是領會了他的意思，但是也不敢說是靠得住，究竟是什麼一回事。

車子出了租界停在中國地方上，那兒早停有一輛新式車在等我們。幸之叫我掉到那部新車上去，雨淋淋漓漓地越下越大了，陳君在大雨中與我們握手告別，而我們的車子分了家，現在自由地隨在我們坐的新車後面開駛前進。這時幸之才告訴了我，陳君當領港的秘密，我也笑了。

雨下得滴滴達達地從車篷上流下水來，風捲着雨水從縫口灑到我們的臉上。沿途都有撑着雨傘的哨兵跑到我們的車前來檢查通過證書，我們的車就在嚴密盤查之中向前開走。

我們的車大約開了三個多鐘頭，到了一個地方有很多車馬密密地停在那兒，這時我才懂得「戎馬倥偬」四個字的神氣。我們的車從這密密的車馬隊裏衝到一個較空的位置，這時眞是黑得看不見人。幸之他叫車子停下來先就跳起下去，在黑暗中，我只聽着他高聲地在說：「蘭畦來了。」我想難道莊君在此？我正留心聽他的下文的時候，一個沈重湖南腔的口音已經傳到我的耳朵裏來！「在那裏呀？」我曉得是毛夢獻，因爲幸之已經告訴過我，他在軍中，我剛剛打開車門看的時候，一個黑影子正從對面大卡車上跳起下來，這就是我們十年不見的青年文學家毛夢獻，又是一個文弱的書生，在軍中服務幾年了。他過去那種堅苦的精神，還深深地印在我的腦海裏。一到車前他就拿手電筒往車內直射，從電光中，我看他還是和從前一樣清瘦，火一般的眼光，好像要和電光比賽一樣接連地閃灼，他的口裏連連地說：「你强壯多了，比從前身體好多了。」說着，他已經鑽進車來，幸之這時也回到車來了，他又對幸之說：「闊哇比以前壯多了。」他惟恐傍人把話鋒搶去一樣，連忙對我說：「你的生活，我們都曉得，讀到你的在德國女牢中那書，我對幸之說就活是你的樣子，一點也沒有變啊！」他又慇懃地問我在德國的情形，出獄後的生活？接着他又說：「你來眞是好極了，我們到此已經是一個多月了，從沒有人來看過我們，只有一個朋友來過，你是第二個；但是，我的運道不好，又要到後方去慰勞傷兵。」我們三人就黑越越在汽車內談說，其實，話幾乎被毛夢獻一個人爭去說了，因爲他在極度高興的情況下，他的話活像放連珠砲一樣，達達達達不斷地說，傍人都插不進嘴去。他從去後方慰勞傷兵，說到審訊漢奸，打漢奸的板子，打了板子，他還不招供，又使勁地打。吸鴉片的人，要使勁打，就說出來了，以至於在×部他有兩隻鷄，要請我吃了鷄才去的話通通要在這短時間，都把它一齊說完。

車到××，從糢糢糊糊之中，我看出這市鎭偉大的輪廓。夢獻告訴我說，×長在這裏開會，×××也在，今天高級軍官已經開了一整日的會議了。

幸之從車窗口上又急忙地在和人說話，我們的車子，好像走踏步一樣地走着，慢慢地向前開駛。出了鎭口，又才風馳電疾地往前走。到了×××，毛夢獻才坐着原車回去。原來他是專爲送我而來。這時我和幸之就在黑夜裏踏着極淋滑的路程摸索着向前走。

三

我們滑到×部的時候，已是深夜了，×長還沒回來。副官處長已經給預備了一間有架子床的單房間，我看他們都是睡在木板上或者土地上，而我要獨自佔一間單房，眞是抱歉得很！終於還是存着男女有別的觀念，我就一人住在那間單房，而且睡的架子床。

因爲昨夜有相當的疲乏，一覺睡到大天光，還被士兵吃飯的聲音鬧醒來。洗好了臉，吃了早餐，就去謁見×軍長。×軍長的軀幹不高，棕色的皮膚被太陽晒得透出紅潤的顏色，他有一種沉著厚重的儀態。當我看見他的時候，他早已讀過了何先生送給他的詩和書信了。所以他與我握手之後就是致謝何先生和慰勞會的各位女同志，我也代表何先生對他表示了敬意。幸之又特別對×長介紹我在楊行劉行救傷的經過。

「啊，那時正是我們的部隊在那裏。」

「是的，大家都不知道。」我說：「我救的是第×師，第××師。」

「這正是進步的證明」。他說着現出很高興的樣子：「世界上的人，都以爲中國人是沒有組織的，一切都落後，尤其是日本人，他們總以爲中國的軍隊這樣不行，那樣不行，什麽都不行，那曉得一接觸之後，他才知道碰到對手啦：器械是新的，戰術也是新的，特別是士兵的英勇，完全出乎他們的意外。這次的戰爭，完全粉碎了日本人的野心，今天他們才曉得中國人不是他們所想像那樣地怯懦。就思想上說，中國軍人，眞比日本軍人進步得多，中國軍人都知道這是爲爭取民族的生存而戰，大家都抱定了爲爭取民族的自由而犧牲的决心；日本軍則自知理曲，每個人都存着最迷信的落後觀念，無論是俘虜的日本兵，或者打死的了日本軍官，他們每個人身上都有符咒。從打死了的日本兵身上，我們搜出很多日記，大半都是很坦白地寫出他們的心情，比如他們寫着在軍旅中種種的困難，糧食、用品、以至於水都要從日本運來，他們深深感到前途的暗淡和悲觀，文字寫得非常之好，非常之動人，而且都是徵來的新兵。」說到這裏，他表現出一種嘆息的樣子，我看他一定在想孫總理常常引用來勉勵人的天下爲公的「大道之行也天下爲公，」倘若這些日本人要是走上天下爲公的大道的時候，也是可愛的人才•然而日本帝國主義者，又何曾夢想過走那「天下爲公」的「大道」呢！如果我們平心靜氣地算一算，在今日的世界，除了中華民族有這樣理想的精神之外，就只有蘇聯正在那兒實行。

大家都沉默了一下之後，×軍又繼續地說話了：「日本人總是大吹大擂，幾個鐘頭要炸燬上海，幾個鐘頭要轟平南京，到今天一樣也不成功，這次血戰的事實，不但粉碎了日本人驕橫的野心，而且還掃盡了他在國際上的威風，恰恰相反，中國人在國際上的地位，却是增高起來，而且得到世界各國的同情，特別是各國的民衆提出許多幫助中國的方法。

「從開戰至今，無論他的飛機、炸彈、唐克、大砲、海軍、陸軍、空軍一齊施展出來；已是四十幾天了，不過儘能佔去三十多里地方。單是羅店的戰爭，出入幾次，日軍損失的數目，並不少於我們，他的久留米師團、雄本師團、十一師團三個隊伍幾乎完全消滅，他們的補充，可就困難極了，而且補充來的新兵，又都感到前途的暗淡與悲觀，再要撐持下去，日本軍的內部，一定要起變化的，一定，一定！在中國方面，這次佈置得很好，凡是前線作戰的將官，根本不要躭心補充方面的事情，前仆後繼的工作，我們的政府，老早就準備好了。這種準備，鼓勵着將士們，都願上前線，也不怕損失實力。」

從×軍長的笑容上，我已經看出他對於這次全面抗戰的工作，有了很切實的把握了。於是我說：「何先生要我問問軍長，需要我們如何幫助你們？希望不客氣地告訴我！」

「前方不需要什麼，我希望能夠多多去對傷好再回防的將士，鼓勵他們，這比什麼都要緊。」

「這件工作，何先生非常注意，每天都有慰勞組組長和何先生的小姐，還有許多女同志，帶着慰勞品去各醫院歡送他們。」

「這個非常之好。此外，我希望女同志們能夠幫助我們多做些民間的聯絡工作，比如軍隊來了，使老百姓還是照常做事，不要躲起來。其次就是防止漢奸的工作，更是需要大家努力。本來過去這件工作有黨代表，或者政治部做的，現在政訓處的政訓員在這緊張的時候，眞是忙不過來。我很希望同志們能夠大家担負起這個責任來。」

我告辭出來的時候，×軍長囑幸之陪我到居民家中去訪問他們。像這樣關切人民的將官，只有在革命的隊中方能找得出來，我覺得革命的力量是偉大的，而且只有在革命的意義下，才可以造出眞英雄來。

四

幸之帶着我去了幾家住戶的家裏，他們知道了我們來意之後，就表示出很歡迎的樣子，而且不客氣地把他們的心事都告訴我們。到我們走的時候，他們都有依依不捨的狀態，特別是婦女們，她們連連地說：「先生，幾時再來呀？請常常來坐呀！」老太太又去把蘆稿桿拿出來了，她一定要送給我。「先生，帶去吸呀！先生。」這時弄得我怪難爲情，「却之不恭，受之有愧」的一句古話，正是我此時的窘態。中國的老百姓，實在太可愛了，他們簡單純樸的生活，造成了他們這樣容易相與的性情，只要你對他們有一點好處，他們就永不相忘，眞有「投我木桃報以瓊瑤」的狀況。然而這也正是使我們憂慮的地方，太簡單，太誠樸，就容易受人的欺騙，我雖然是喜歡他們，而我還是特別的躭心，我惟恐他們在不知不覺中，就會受奸人的誤用。

雖然天空中的敵機軋軋地在頭上飛去飛來，砲彈轟隆隆地響着，我還是留戀着戰地的民衆，又在軍部住了一夜。第二天清早起來時，幸之告訴我說捉有漢奸，他約我和他會審。我很高興地答應他了，我想天天在說漢奸，今天到要看看漢奸的尊容。漢奸究竟是啥樣子，或者很狡猾的，或者像流氓一樣，飛揚浮燥的神情？然而，從我的腦子裏怎樣也搜索不出這樣一個典型，雖然千古百怪的中國人影在我的腦子內擁去擁來。

吃了飯後，連長先來報告，幸之滿不在乎地一點事情都沒有樣，坐在那兒不動，我走到棹傍的櫈上坐下來，一本正經地，儼然要當審判官一樣，而且神情很緊張，我的兩隻眼睛，一直看着一個軍人把那個漢奸帶進屋來。我留心一看，這個人的手給草繩子背綁着，臉皮被煙薰成了一副灰黃的顏色，很奇怪，下眼皮扯到一個地方，露出一塊紅肉，難看極了。衣服也沒鈕扣，眞是一個小流氓。但是不然，如果我們一考查他的事情，他才眞會搗鬼！他是一個刻字匠，他可把地圖刻出來。這次被捕的時候，就因爲飛機來了，他不但不躲，而且還要做手勢。

帶漢奸的兵，把漢奸帶進屋來時，就命令他站遠點，於是他站在離我們三尺遠的地方。幸之對我說。

「問呀！」於是我鄭重地問他：

「儂叫啥個名字呀？」

「××。」

「啥地方人？」

「×××」

「做啥事體？」

「幫×××賣鴉片煙。」

「還做什麽？」

「送送信，掃掃地。」

「送什麽信？」

「給老闆送信。」

「信上說什麼？」

「不曉得。」

「老闆和東洋人有啥關係？」

「不曉得。」

「你老闆是不是調查軍隊情形報告東洋人？」

「不曉得。」

這個人狡猾極了，我簡直把他沒辦法。幸之他說：「聽說毛秘書昨天審他什麼都說過的，今天又翻案。」

「你再不說，我們就要打呵。」一個參謀官這樣說。然而無論如何，他是不說的。我們都很生氣，終於幸之說打板子。雖然軍士打了他幾十板子，他還是不說，而幸之又因上次打錯了一個啞子，後來知道錯了，賠了幾塊錢心理還難過。他現在很怕再弄錯了，心裏不安，於是只好叫把他帶下來，於是又帶第二個來。也不知是漢奸狡猾，我們不夠凶！或者是他們眞不漢奸，這一次我的會審完全失敗了，一點也沒有得到結果。

這天天氣又非常陰晴，乘着沒有敵機的轟炸，我就回上海來。

——胡蘭畦——

陳家行血戰十日記

記者日前由某處返滬，因當時無順便車輛可乘，徒步東行一小時，頗感疲乏，卽在車棚內略事休息，及走進棚內，適遇一位受傷的青年軍官，在那裏等候担架，我們彼此通了來歷，就同座在一個轉輪的邊沿，我很客氣的遞給這位軍官一支香煙，我自己也拿一支吸着，彼此定一定神，就開始接談起來。我很希望在這邂逅相逢的談話中，得到一點比較確實的消息，而這位受傷的青年軍官，也很願意把他們在戰場的經過情形告訴我，他是山東人，對人謙恭有禮，我非常的敬重他，雖只略交數語，倒彼此都很傾心，我們便開始密談起來。

同志是那一師的？在什麼地方受傷下來的？貴部這幾天作戰的大概情形，可否見告？

我發了這個問題以後，他便現出勝利和慨歎交幷的氣色，用很鎮定而悲壯的語氣告訴我，他們全師忠勇將士八日夜血戰的經過，茲記述如下。

我們就是九月中旬參加劉行、永安橋、小朱宅，那次與敵人血戰七晝夜，有楊、陳、耿、楊四位營長忠烈殉了難，那一次我們一師與敵人整個一師團主力對戰，雖然敵人裝備較我們强，但是我們終以大無畏的精神把他打退，陣綫始終屹立不搖，詳細情形各大報均已刊載，提起來，先生一定會記得的。

因爲上峯顧念兵士疲勞的關係，在九月二十日，把我們換下來休息補充，在很短的時間內，我們就補充完畢了，官兵們的精神也就恢復了，那時上海的很多愛國團體及各界聞人，贈給敝師很多關於作戰有益的物品，廖仲凱夫人等，給我們募了很多的藥品和面具，各團體各私人都捐募了許多什物，這都是我們的長官告訴我們的。上項的物品，我們都已收到應用了，我們全師官兵對於幫助我們的各團體及各先生，都是非常感謝的。

我們因爲國家危急，和自己的責任，以及長官對於我們的鼓勵，各界同胞對於我們的熱烈愛助，我們全師官兵都願意早上前線，替換友軍繼續作戰，使他們也得回來休息補充一下，因爲這種激烈的大戰，靠一個部隊長時間與敵抗戰是不可能的，必須大家輪流着去打。

我們的師長、旅、團、營長，都是富有學識經驗而英勇無畏的青年將領，他們在後方是捺不住性的，師長常對我們講，「爲國家民族的生存而抗戰，雖犧牲至一兵一伕，决不氣餒，」這話已成我們官兵堅確不移的信條，所以我們把個人的應用物品和彈藥補充齊全以後，我們師長又率領着我們這一萬多血性的健兒於國慶日的前夕，大踏步的開到蘊藻浜左翼陳家行頓悟寺方面，去替換友軍而加入作戰了。

我們二次加入作戰的那一天，正落着大雨，敵人的飛機不能光臨，所以給我們一個白天衝殺的好機會，十月九日這天下午，頓悟寺橋亭宅那方面吃緊了，敵人的大砲衝破了兩點，集中火力轟擊我們頓悟寺的一角，因友軍苦戰月餘，兵力傷亡較重，陣地稍現動搖，敵人乘機侵入了三千餘人，當時我們師長即令潘團長陶萬率領兩營人白晝冒雨反攻，因爲這位潘團長和蕭光燦、趙鳳傳兩位營長，向來是最勇敢的，敵我兩軍經過半小時的肉搏戰以後，侵入我們陣地後邊的三百多敵人，三分之二是被我們的刺刀和手榴彈殺死了，逃回去的不到百十人，敵人的死屍，躺在棉花地裏，橫三豎四地查不清楚，他們的膏藥旗和軍械都送給了我們，這一下子，給了敵人一個重大的膺懲，陣地是被我們這兩營完全恢復了。

那天晚上—國慶前夕—我們全師接替由陳家行至橋亭宅三四華里長的陣地守禦，我們整作了一夜工，把我們的陣地强固起來，炸彈拿在手裏，槍膛裏裝滿子彈，在等候着倭奴的進攻，因爲敵人吃了我們一個大虧，這一夜他未敢進犯，只看見他們用繩子向後面拉他們已死的小鬼。

國慶日那天的早晨，我們從收音機中聽見上海各界與日本經濟絕交的狂呼，同時敵人的大砲又向我們的陣地打過來了，可是我們也不客氣，他們的砲彈來，我們的砲彈去，來一還十的比例數，轟隆隆的互射起來，敵我的陣地前後成了一片黑煙，我們看見我軍的砲彈打過去時，戰士們都拍掌叫好，但是小鬼們可吃盡了苦頭，他們是蜷伏在棉花地裏揩眼淚，叫姆媽，唸阿彌陀佛，但是都不生效力。

這一天，敵人已知道了我們砲兵的威風，他們爲死裏求生計，在黃昏時候，又用五六百兵力，向我們頓悟寺陣地偷襲，我們×團長在後面指揮，遂將計就計，把陣地放開一個角，讓他們突進來，親眼看見他們似進而非的進來百多人時，×團長馬上用預備隊上的李營包圍上去了，敵人曉得我們是有計劃想殲滅他們的，但他們知道時，已被我們前後左右的槍火擊斃殆盡了，結果只有十幾個人逃回，膏藥旗和他殺人的兇器又丟下了一大堆，這一次最可惋惜的就是當敵人半數進入陣地之後，我們忠勇善戰的蔡營長，他親自帶着一連人，去截斷敵人歸路的時候，與敵人的官長拚了短槍和大刀，不幸陣亡了，本師又少了一個能戰之將，師長、旅、團長都很悲惜，但是他爲全民族爭了光榮，我們又替他榮幸。

敵因攻頓悟寺、橋亭宅受了挫折，他就把攻擊的重點移到了陳家行，除十二日頓悟寺一度吃緊外，十三日至十六日敵人每天都有四五次以煙幕大砲作掩護，以大部兵力向陳家行進攻，因爲陳家行是我軍陣地之重點，我事先已有充分之兵力配備於此，固守陳家行的將領，是×副旅長和××兩團長，這三位將領都是富有作戰經驗，於屢次大戰中迭著功勳的軍官，所以雖然敵人以强力來猛攻，但我們絕對有保守陣地的把握，敵人每次進攻緊急時，這三位將領都親自帶着機關槍，在緊要的地方去堵擊敵人，作戰之神勇，指揮之得宜，就是敵人見了也很欽佩。在十五日正午，敵人將陳家行的東北角的陣地突破了，我們當時沒有管他，等到夜半，敵人都放心睡眠的時候，我師長調集了十幾門迫擊砲，抽了最精銳一營人去反攻，這位營長姓張，他也是山東人，作戰頂奮勇，我們十幾門迫擊砲，一齊發射了二百多發砲彈之後，步兵由張營長身先士卒的衝鋒上去了，佔領這個小竹園的二百敵人，多數被炮彈打死，其餘都死在我們的刺刀和手榴彈之下了，當晚敵再行反攻，但是又被我們打退了。

十六日這一天，又是整日的血戰，在正午時，敵調集重砲十餘門，先用烟幕避我視綫。然後砲兵齊發射擊，張營長所守之陣地被敵砲兵擊毀，繼以大部兵力向我猛攻，張營長率部拚命抵抗，斃敵百餘名，敵因受我步砲兵之砲火壓迫 紛紛敗退，張營長見有機可乘，即出戰壕追擊，被敵槍擊中要害而受重傷，入晚抬至醫院，不幸因傷重逝世了。

敵因費七日之時間，耗去數萬之砲彈，死了五千多人，未能攻破我陣地，乃於十六日晚上對我軍施用毒瓦斯，當時守陳家行東北兩據點的士兵中毒者數十人，我發覺後，即用急救法行施救護，死者僅數人，敵人如此慘無人道，全世界實應共棄之。這一天戰況最緊急時，我們師長親赴前線指揮督戰，他已預備好了與陳家行陣地和忠勇的官兵們共存亡，當時傳遍了全戰線，官兵聞訊無不勇氣百倍。

我們在十七日將防務交給了友軍守禦，接防時是那條陣地，交防時還仍是那條陣地，我們總共殺敵三千餘，得了很多槍支。最使人滿意的，就是臨換防時有×團的弟兄，看清了有三個敵兵抱着一架輕機關槍，向我陣地前來，這位弟兄倒從側面繞過去，待敵接近時，連擲了兩個手榴彈，三個敵兵都被炸死，他一個人把敵人這架機關槍托回來了，他已經升了中士，師長賞了他四十元錢，像這樣智謀兼全的戰士，眞是稀見。

還有在十二日早晨我兵士一小隊，冒險衝入敵軍陣地，那裏有敵軍高射機關砲兩尊，正在瞄射我們的飛機，我們兵士就奮勇上前，把手榴彈拋去，火花起處敵人屍骸縱橫，兩高射機關砲亦到了我們手中，可惜，那兩尊砲太重了，我們搬不動，後來緊集了手榴彈，把兩尊砲炸燬了。

我們談話至此，適有好幾個兵抬着担架來接他，於是我催他上担架囘後方醫治，並祝他早日全愈。他告訴我說，他很願意馬上恢復健康，再囘到前線殺敵。我們分別之後，我就順便搭了某軍的卡車轉囘上海。我在屬此稿時，這位受傷的青年官的印象，尚縈繞在我的腦際。

前線兩晝夜

——誠——

一

淞滬的抗戰一爆發，我就有着到前方去視察一下的希望，可是老沒有機會。後來，聽說，是爲了防漢奸，戰區裏竟連新聞記者都不准去了，我更覺得到前方去，恐怕是完全沒有了希望。十月十二日的早晨，我正在××傷兵醫院裏工作的時候，忽然有一位××團××營的李營副，特地跑來看我。

「吳同志，我明天就要上前綫去了。」

他用一雙告別的眼看着我。

「您不是左手的傷，還沒有完全好麼？」我禁不住這樣問。

「是的，可是昨天我們師部裏已經有人來過，他說前方缺乏中級幹部，同時戰事又非常激烈，所以我想，我還是應當趕快上去。反正，我的傷，也已經好了差不多有七八分了。」

聽了他的話，以及看了他的那種爲國家効命、雖死不惜的精神，我不禁對他肅然起敬。

我跟這位李營副，雖然相識不久，可是因爲他近兩星期來常到我們傷兵俱樂部裏來玩。所以已經大家非常熟識。

「那麼，我們又要分別了——我恨我自己不能跟隨了您們一起上前線去。咱們軍人服務的工作倘能與前方也取得了聯繫，那今後幹起事情來，就要方便了」我說。

「您要去？那容易得很！」他忽然看着我，很快地這樣說，「您要去？」他用驚異的眼光看着我。

「當然要去！」

「那您明天跟我一起走好了！」他很乾脆地說：「我跟您介紹我們的師長。一定會很歡喜看見您這樣的青年去的。」

於是我們就談下去了。

我很興奮。我從醫院回來後，就去與我們全國靑年會軍人服務部的負責人劉良模君商議，他也很贊同我去。

「好吧，您要去，您就爽性代我們軍人服務部向前方的將士致敬一下，並且實地去作一下考察，到底前方需要什麼東西，我們可以想法。」

「好！」我一面答應着，一面心裏眞是快活得想笑出來。

於是我就去開始準備我的行裝了。

二

第二天，天一晚，我們就出發到車站去。我帶了很多新出版的抗戰畫報，以及抵抗等等的刊物。因爲聽說在前方完全看不到報紙和雜誌，所有的兵士們，他們差不多都是很迫切地需要知道一點戰事的消息。

可是當天，我們並沒有走成，因爲日本飛機，在當天曾把離蘇州不遠的鐵軌炸毀，因此沒有車。

於是我們，就只能停着。一直到第三天的午夜，營副到××處去交涉了，才來了一輛汽車，把我們從××，帶上了前線。

在這輛汽車裏除了我一人是穿了西裝的普通人之外，餘都是開向前線作戰的勇士，因此，當汽車不斷地在公路上顛簸震盪飛跑着時候，我忍不住偷偷地去看那一個挨近着我的弟兄的臉。

「這些都是偉大的民族解放的戰士，——現在是在一步近一步地向前線去了呵！」我心裏在想。

可是這些弟兄們自己却好像都滿不在乎的樣子。

車經過××，××，××，然後到達了××。

人一下車，車外的夜氣，向人身直撲上來，我禁不住打了一個寒噤。

整個的一個××車站現在已經差不多被炸成一片瓦礫堆了。月光照在那些破瓦斷牆上，更顯得四週景色的淒厲。

那時，已經是深夜，車站的兩旁有人搭了些草棚，在出售零碎東西，也有許多弟兄們在草棚裏圍坐了烤火。四週黑影憧憧地，有好多的人不斷地在公路上來往着。

我先用目光默默地把我們的同車者送走了，然後再跟了李營副也默默地在目光下踏着瓦礫堆，沿公路向前走去。

「隆！隆！」砲聲這時突然響亮起來了。

李營副回過頭來，對我看看，我不作聲。

我們在向着砲火的最響亮處走去。

三

在前方黑夜間的公路，是頂熱鬧的。有陸續開向前方去的軍隊、騾馬、軍伙。也有正從前方開下來的汽車、人馬；更多的是在前方已經掛了彩，這時要乘黑夜走向後方傷兵醫院去的弟兄們。

我這時才發現，我好像是完全置身在另一世界裏了，前面是不斷的槍聲、砲聲，四週是來往不斷緊張地走着的士兵、軍隊。

「唉，同志們，做做好事啊！」

一聲淒愴的呼聲，提起了我的注意。看時，原來是一個已經被打斷了腿的弟兄正在地上用手爬着，要走向後方去。泥，血塗滿了他的一身。他顯然是在向四週過往的人乞憐。

「怎麼？」我不禁驚呆住了。

「在這裏前方，就是太缺少了担架夫。弟兄們受了傷，有些師部裏，自己有担架連的，還好，倘沒有的話，那就簡直只好自己走向後方去。打壞了手的還可以，倘是打壞了腿的，像這樣，那就太慘了。」李營副跟我解釋着，我的心裏感到一陣痛。

四

走了二十多里崎嶇不平的泥路荒地，又不知問了多少次訊，這樣，我們才到達了××師的師部。

哨兵，進去傳訊，過了好久才出來。

「師長到最前線督戰去了，恐怕要明天才回來。請您們先到參謀處去坐一會吧！」

黑黑的房子，顯然裏面的人已經都睡了。可是進去一看時，才知道並不然。

參謀長，人是已經躺在床上，可正忙着打電話。

「怎麼？敵人又用毒瓦斯了麼？……是嘔吐性的？好。」

我憑藉着參謀長床前的一枝燭光，可以隱約地看見參謀長當時緊張的臉。

電話打完，參謀長的目光才放到我們兩人的身上來，李營副上去致了敬禮，又跟我介紹了。

「啊，難得，難得，您們後方的民衆竟這樣熱心，勇敢，請坐。」參謀長這樣對我說着，又把目光放到了李營副的身上去。

「怎麼？您的傷已經完全好了麼？」

「還沒有。不過，我在醫院裏聽得師部的人來說，前方缺少中級幹部，所以我就上來了。」

「好！」參謀長正想說下去，電話又來了。就打斷了話頭。

我利用這機會，就向四週看了一看，這是一間很破爛的舊房子，仔細嗅時，還可以嗅到地上霉爛的氣息。

「前方，這幾天正緊張，敵人的中央突破計劃，因爲不成功，又在用毒瓦斯了，我們傷亡了很不少，您們那一團！」參謀長說到這裏時對李營副看了看，「已經差不多完了，不過敵人的犧牲，恐怕比我們還重。」

「差不多完了，」這五個字在我的腦海裏震了一震。看李營副時，他還是那麼很恭敬地站着。不過，我從他的目光中，我知道他這時心理的狀態。

又過了一會。李營副就向參謀長說明他還得回團部去。

「這位先生也跟去麼？」

參謀長問。

「是的」我說。

於是我們就向他告別出來。

五

從師部參謀處出來，表上的時針正指着午夜四時。我的心比先前更緊張了起來，因爲我知道，我現在眞在走向最前線了！

經過一條小河浜。

我們道路的四週，都是稻田、與棉花田。稻田裏的稻而且已經都熟了，結着滿滿的穗子。

在月光下照着這許多景色，倘不是頭頂上有呼呼的砲彈聲、與四週「閣閣閣」的機關槍聲，是決計不會想到我們是在前方的。

後來，我們就到了團部。哨兵進去傳訊，手續跟在師部裏時一樣。

見了團長，我因爲剛才在師部已經聽到敵人用毒瓦斯以及該團傷亡頗重的消息，所以就急着問團長的詳細戰況。

「啊！說起來眞令人又傷心又興奮！」那團長說，「我們一團人是大前天來接防的。當時共有弟兄一千三百餘名。打了四晝夜，因爲敵人不斷的用飛機、大砲猛攻，傷亡得就很厲害，已經只剩八九十人。而且武器也都不行了，昨天一天，弟兄們在壕溝裏就已經差不多完全只靠擲手榴彈將衝過來的敵人擊斃。八九十人，一天共用了兩千多手榴彈。敵人因爲攻不過，所以最後就終於改用毒瓦斯，我們不及防備，這僅存的八九十人也就因此犧牲了。可是！」團長換了一口氣說：「我們的陣地始終沒有動。而且最令人興奮的，就是當敵人又衝過來的時候，我們有四位僅存的弟兄還依舊不退，用手榴彈將衝過來的敵人炸倒，自己又衝出壕溝去將敵人的輕機關槍四架奪了過來。再就將這四架槍倒過頭來打敵人。——」

「啊！」我這聽的人不覺爲這壯烈而又英勇的故事所震動了。

「我們這一次的弟兄可眞是太好了！他們每一個人都勇往直前的。和敵人死拚，想想這許多好弟兄都已經犧牲去，眞有些傷心。」那團長說到這裏時，臉上表現出很痛苦的樣子。

他已經四晝夜沒有睡。因爲親到壕溝裏去指揮，那時敵人所散放的毒瓦斯還沒有完全歡，中了一些極輕微的毒，有些在感到頭痛。

因爲時間的過遲，那天我就與李營副一起在團部的稻草堆上過了一夜。

六

第二天一早，團長因爲知道我歡喜到陣地上去看看。就命一位團副陪了我一起上陣地去。

我們先走進了交通壕，然後就逐步地走近火線了。

在壕溝裏伏着的弟兄們，都禁不住用驚異的眼光向我看着，他們想不到有這樣一個後方來的人眞會跑進火線。

我將帶去的抗戰畫報等散發給他們。他們就站在自己的崗位上，看將起來。顯然地，他們對這些畫報都感到了很大的興趣。

「您看，您看，這是我們將他們打下來的飛機。」一個士兵指了一張圖給另外一個士兵看。那個士兵感到了滿足。

是的，在前方，差不多大家頂恨的就是敵人的飛機。它們晚上不出來，只要天一亮就蹌蹌地到我們的陣地頂上來亂飛亂轟，要飛一整天。

「你看，這是敵人的繫留氣球。」

團副用了一架望遠鏡，讓我看。我向敵人陣地看去時，果然看到一個氣球在敵人的陣地上浮着。

「在這氣球上面，有着敵人的瞭望臺。他們的望遠鏡很好，差不多我們陣地上的一動一靜，他們白天都可以看出來。看出來，他們就指揮大砲飛機來轟炸。」

「我們沒有辦法將他們的氣球打下來嗎？」我說：

「有，當然有。就可惜我們的空軍倒底還是太少了。」

這時突然有一顆大砲彈自敵人方面打將過來，震得整個的戰壕都動盪起來。沙包裏的沙掉下來了，人也禁不住向四週搖擺。

「好厲害！」我說：

「作戰激烈時，前方的戰壕一天到晚都是這樣的，所以睡在戰壕裏，就像睡在鋼絲床上一樣。」

「睡在鋼絲床上！」我不禁爲這個好譬喻笑了。

我仔細觀察我們陣地裏的壕溝。工事可說是都做得非常好的。就是有的地方已經都積了水，弟兄們簡直有的就站在泥淤裏，水浸到他的半腿。

「如果下雨，怎樣？」我問團副。

「下雨還不是直淋？我們弟兄們都沒有雨衣，倘後方能給我們捐些雨布來，那倒是非常好的，因爲我們旣可以包東西，又可以遮身。」

「是。」我答應着。

這時，離我們不遠的壕溝裏，槍聲忽然緊張起來了。我們可以嗅到很濃烈的火藥氣。

「我們回去吧！」團副說着，就半强迫地將我又帶回了團部。

七

整整的一天，我都是在團部裏過的。

我跟那些弟兄們，亂七搭八地講着，到晚上飛機不時的來轟炸，耳邊的嗡嗡聲與炸彈爆發聲，就不會停過。團長因爲我是遠客，就特地叫勤務兵燒了幾樣菜，請我喝酒。

「這裏，白天就簡直不能煑飯。敵人一見那裏有炊煙起，飛機就來炸了。」

團長對我解釋着。我那時已有一天多沒有吃過東西了。所以雖然勤務兵拿上來的饅頭、與餅，是那麼又黑又粗，我吃的時候，還是只覺得它的甜美。

「還是前線的生活！」我心裏想着。

那天晚上，吃過飯，我覺得我應當走了，就告別了團長，團長還是命團副將我一直送到了師部。

到師部時，這次師長已經回來了。所以就很容易地見到了師長。

「昨天，我到前線去督戰去了，沒有見到吳先生，抱歉得很，吳先生這一次眞是辛苦了。」

×師長說着。

於是我們就開始了談話。

我將我這次的來意向×長說明後×師長又接着說：「啊，慰問是不敢當的，抗戰是我們軍人的天職。這算不得什麼。我們前方現在也不需要什麼，倒是您先生帶來的那種畫報，弟兄們確是很歡迎。以後，有便，請不時帶些來。東西，只要交到我們師部在後方的留守處就行了。」

×師長講話時的態度是很和藹的，而且兩目炯炯有神，堅决地表示了他這次作戰一定勝利的信心。

一至於這裏的作戰情形，有許多地方，現在還不便說。可以告訴先生的，就是敵人所依仗的就只有砲火厲害一些。可是我們並不怕他。最近這幾天我們正打算反攻他。看上去，敵人是支持不住的。至於我們這裏的弟兄，作戰的勇敢，那更是不用說的了，先生想來一定已經聽到我們有一團裏四位弟兄犧牲到最後，還守住自己的陣線，將敵人的機關槍奪過來的事情吧？」

我點了點頭。

「敵人的士兵就不行了，差不多沒有一個人眞是願意作戰的。不過，看上去，好像敵人的督戰也頗嚴厲，所以有時候，敵人衝上來，給我們打退了，也總不敢十二分退遠。恐怕退下去也得打死的。」

爲了怕担誤×師長的功夫，所以不久，我也就向×師長告別。×師長很熱誠地將我送出師部，然後他又回前線去督戰去了。

在歸途上，有兩個勤務兵送我。時候又已經是深夜，我一邊踏着自己的影子向來時的路上走去，一邊心裏不禁發生了很大的感慨。

這次淞滬作戰，士兵、將士們的確是已經盡了他們的最大的責任了，雖然他們的物質生得是那麼地困苦，防毒面具不全，雨衣沒有，火器又不夠，可是我們民衆方面呢？前線担架夫的這樣缺少，要使受了重傷的傷兵們，不得不忍着痛在地上爬回去，那末免太講不過去了。

我在打算着回去後，怎麼使得我們的後方工作格外加緊起來。

——吳大琨・二六、十、二十二——

戰場一角的鏖戰

一 上戰場去

說到戰場，這個圍着幾十萬人，血肉橫飛的地方，實在有點神鬼莫測，一般人對於它都像迷夢似地幻想着。尤其是我的十個小妹妹們，一聽到戰場兩個字，就恨不得生出兩隻翅膀，飛到那兒才好。

十四日接到幸之的電話，約好到戰場上去看×師長。這個消息給我的十個小妹妹聽着了，這個說：

「我要去！」那個也說：

「我要去！」

究竟帶誰去才好呢？當那二十隻眼睛睜得亮晶晶地望着的時候。

「亞芬和敏玉去。」我說：「這並不是偏心，因爲值日是從小的派起的。」值日是守在家裏，大家都不願意，我們定了一個法規，從年紀最小的派起，她們已經當過值日，所以她們也有先上戰場的權利。這時八個人很歉然地都沒有話說。亞芬好像很得意地跳了起來，而且她說：「開心得咧！」我拿眼睛瞪了她一下，她把頭向下一縮，好像知道自己做了錯事一樣，一聲不響地溜到門前去了。

吃了早飯過後，我們的七個小妹妹照平常一樣活潑潑地出去工作了，爲了我要出去，只好叫秦隊長妹妹留在家裏值日。不一會的工夫，幸之同中央社的王先生來約我們，我帶着亞芬和敏玉別了秦隊長就離開了我們的團部。

廣闊的天空，藍得和海一樣，一團團的白雲奔騰着正像大海中的浪花。金色的稻穗在漫無邊際的田畝中被太陽晒得發光。這種天然的色彩，簡直不是人工可以配合。

一路上我們快樂地說着，笑着。可是那軋軋的飛機很不客氣地要從我們的頭上丟下幾個炸彈，我們看見着了炸彈的地方燃燒起來，而且冒着黑色的濃烟。

飛機飛到我們頭上的時候，我們馬上就分開藏躲起來。忽然我看見我們的王先生蹲在一個地方用雙手抱着他的腦殼，我禁不住大笑起來。我對他說：「最好請葉淺予先生添畫一副王先生上戰場！」

「哈哈哈哈！呵呵呵呵！」同伴們通通大笑起來。可是王先生一本正經地對我說：

「不是，因爲我怕我的眼鏡反光。」

「原來如此！」大家又笑了。

二　不是戰場！

沿路上好像萬事都沒有一樣，我們就專和王先生搗亂。其實王先生是很値得我們敬佩的，因爲他是一個眞正文弱書生，他能夠有勇氣到戰場上來，而且還穿着他那一雙不便跑路的皮鞋。再回想到那天他冒着雨踏了滿身泥污來到我們團部的時候，對他盡責任的這點上，我是敬佩他的。

路，好像無窮盡似的，一直走得王先生面紅耳赤，大汗長流的時候，才算走到了目的地點。

「奇怪得很，爲什麼走了大半天已經到了目的地，我們都沒有聽着砲聲？」我正說的時候，馬上來了一個轟隆隆的砲響。好像是答復我一樣。

「這個是特別歡迎胡團長的禮砲。」幸之說：「因爲×師現在剛剛才撤下來休息，此地離戰場還有相當的遠。」

「啊，原來是這樣！」我說時，兩個小妹做了一個怪象，她們想：「上了當了！原來這不是戰場！」

三　看見×師長

經過了一種簡單的手續，我們拿出了我們的證明書，我們在一間陳設很簡單、壁上掛着軍用地圖、桌上擺着軍用電話、安了幾把椅子的房內，看見了×師長。我從沒有看見過這樣一個文雅的軍人。可是他就是那個富有謀略，身經百戰的大將。

在×師長那裏，我們看見了×副師長。大家介紹了之後，我將何先生送師長的救傷包親手交付給他，他反身就回到房裏去拿謝片。王先生趁着這個機會，趕緊就向×副師長開始他的探訪工作。副師長的態度非常從容，他很概括地把這次的抗戰從日兵上陸、羅店的幾進幾出退守劉行以及現在蘊藻浜大戰的情形，差不多和報紙一樣的材料告訴我們，王先生很希望他再說詳細一點，但是×副師長說：「更詳細的情形，等一會請師長講給你們聽。」從他的說話上我已經認清楚副師長是一個很精明、很謹嚴、而且尊敬長官的好軍人，在他無形的尊敬長官的舉動上，我們並看不出他像孔夫子說的：「君在，踧踖如也」那樣的奴隸樣子。

四　我們來上上課堂

×師長從房內走出來的時候，王先生又忙着向他探訪消息。×師長微笑着拿起一根細細的，好像教鞭一樣的竹竿，他說：「好吧，我們來上上課堂。」我們幾個人跟着他走到地圖面前，眞像小學生一樣靜靜地聽先生講演。

「這是江灣。」幾隻眼睛跟着師長手上的臨時教鞭落在地圖的一個點上。竹竿已經沿着這一個點往右上邊移動，指到另一個點上。「這是吳淞。」他說：「本來我們的隊伍駐在江灣，奉到命令開一團人到吳淞去打上岸的敵人。第一次一營人傷亡了三分之二。第二次團長上去恢復了陣地，把敵人打退了。當天又奉到命令，叫我們去收復羅店。那時，敵人的飛機正在滿天亂飛，炸彈正在瘋狂地拋擲。」他手上的細竹竿從右角上的吳淞往下一拉。停在江灣的點上。從江灣點指到大場，沿大場那一條馬路線指到劉行，指到羅店，他又笑了一笑，這時我忽然想起了我的地理教師。

×師長振了一下精神，「我們必須在飛機轟炸之下通過這樣長的路綫。」他的竹竿又指回到原地來，他很鄭重的說：「因為這是長官的命令，我們只有服從。我們以疏散的班排，以排，四排，稀稀疎疎地前進，沿途被飛機追擊轟炸，死了兵士二十餘人，我和參謀長到劉行的時候，一顆炸彈正爆裂在我們的車子旁邊，却沒有炸着。到達羅店，正是黃昏時節，我們立刻就以六縱隊進佔羅店。」他的目光又注意到地圖上面，而他的臨時教鞭也隨着他的眼珠移到羅店的中心點，我們大家都很緊張地聽着他的下文。

「這鎮內，那時還有一百多敵人，打到天明，就把他們肅清了，還打死了幾十個敵人，奪獲幾十支槍和很多重要文件。佔領羅店之後，隔了一天，又奉令進佔月浦，並要進攻獅子林。就將羅店交予×××師。我們剛剛佔領月浦，忽然敵人以大隊從後面又來包圍羅店，我們只得回兵迎擊。在羅店和敵人來往衝突了十幾次，大家都受了很大的損傷。第二天，我們撤後，敵人也退了。這時，我接到×××師的電話，叫我向楊行靠攏，當時，我想到如果這條公路守不住，上海就不能保守，敵人可以沿着公路把他們的鐵甲車、唐克車一齊開過來，衝破我們的陣地。所以我當夜就把我們的隊伍配置在這個地方。」他的教鞭又指到月浦和羅店中間的一個叫新鎮的地點上。他說：「在第二天，我接到軍長的電話，他說這樣安頓，正吻合他的配置。可是在新鎮，我們和敵人有過很多次厲害的衝突。」說到這裏，×師長的臉上，顯出很愉快的顏色。我們的精神，都被這位專門家教授吸引着了。大家都像置身在戰場上一樣。×師長一停他的講演的時候十幾隻眼睛就像小孩子希望大人給糖果一樣，惟恐他不拿出來。可是我們的專門家教授，他是不會使我們失望的。他的話繼續地說下來了：

「我們奉到命令又去包圍羅店的東南西三方面，在那兒我們一直就包圍了二十八天。」

×師長把手上的臨時教鞭放下來，讓我們大家坐回原位，同時他自己也走到桌子傍邊坐着，可是他的話又陸續地講下去。

五　兩次悲壯的鬥爭

「在這次戰爭中，有兩件很悲壯的事情可以特別告訴諸位。第一件是東林寺的大戰，東林寺是靠近新鎮不遠，三面都是水，地勢很高的地方，那兒可以窺探敵人的行動，也可以射擊敵人的要點。這個地方有一連人，守了一個星期，屢遭敵人的襲擊，班長潘玉林，有一次衝出廟外，用手榴彈打死了很多人。又有一次，敵人先用砲轟之後，再又用敢死隊衝過來。他們的人死來只剩了五個，我們的人也死得只剩五個，而且排長胡玉政還帶了傷。敵人有個中尉帶着幾個士兵，已經衝進廟了，胡排長開槍狙擊，可是槍打不響，他一時情急智生，就抓起一把挖壕溝的鐵鍬，打開了那個中尉的腦袋。除了得到戰利品還得到很多重要文件。」×師長的話，說得我們的眼睛都望着他的一舉一動。我們看見他臉上的肌肉，隨時都跟着他所講的故事的情景變動。說這個故事的時候，他的臉上早已是眉飛色舞了。

副師長，他一直都是帶着笑容很有精神地坐着，靜聽師長說話。

×師長又說死守×宅的故事了。他的態度表現得更是莊嚴，說到營長雷洪池悲壯地殉難的時候，我們更是肅然起敬。室內靜極了，只有×師長一個人的聲音。

「我們的×××團在本月二日的黃昏過後接守×宅，以及×宅南段的××宅陣地，主力構築××宅，××宅第二線陣地。可是×宅的地勢不好，工事也不堅，並且和敵人距得很近。當時，我們以第三營的一連佔領×宅東北陣地，第一營接×宅的右側。第二營爲預備隊，安置在××二宅之間，第一營預備隊，初初加强×宅陣地的工事。其次就築××二宅之陣地，掘陣地上的交通壕。

「三日的早上三點鐘，有一百多敵人向×宅陣地夜襲。這次我們打死幾十個敵人，奪獲步槍十幾枝擲彈筒等等。三日午前十一點鐘敵人利用煙幕彈及砲火之掩護，向我進攻。又是一次壯烈的抗戰。敵人沒有達到目的，可是一部份敵人就是這天夜裏，已經侵進了我們的外戰壕，從兩端潛進。

「四日我們用手榴彈對着潛伏的敵人猛烈地拋擲。打死了三十幾個敵人，奪獲很多有價值的戰利品。其餘的敵人，都逃竄跑了。連上留了一排兵力在外戰壕中，防備敵人接近。

「四日夜裏，該營又增派一排兵力在外壕，敵人又來襲擊。我們又打死了二十幾人。這時×宅北面陣地也有敵人去攻擊，又被士兵用手榴彈打退了。可是，這中間發現有東北同胞的口音。

五日天剛亮，敵人向×宅砲擊，同時以重戰車三十幾輛，配合着七八百步兵，用廣正面向我第三營全面衝擊。這時我們第七第九兩連的炮火失了效用，只有用手榴彈擲放，卒被敵人戰車上的機槍和砲火所壓制了。第七第九兩連的全部官兵通通輾埋在戰壕中。當時雷漢池營長，左手負傷，仍堅持指揮四八兩連，拚命地和敵人的步兵作最壯烈的格殺。

「敵人的戰車像崩山的一樣向我們的陣地轟輾，雷營長第二次負傷，在亂槍之下和陣地一同犧牲了！」

大家的神經是在極端緊張的情況下聽着幾乎連呼吸都停着地聽着。直到他的話停了的時候，大家才深深地吐了一口氣。

「這次的戰爭，我們沒有什麼特點，就是服從長官的命令。我們能夠和敵人這樣長久麼戰，也就是能夠服從長官的命令。」

×師長的臉上，又泛出微微的笑容，我聽了他的話，看看副師長，他臉上的表情，也是從緊張嚴肅的狀態變回到微笑了。我們的兩個小妹妹，簡直聽小說的一樣，聽得出神了。

爲了要看大戰東林寺的材料，×師長他把我帶到參謀處去。王先生因爲要做有系統的特寫，他也去了。在參謀處去時，我們只看見參謀主任，才知道參謀長現還在病院中。

從參謀處回到師長的房中。亞芬和敏玉正在高唱抗敵的歌曲。這些歌曲，都大受×師長和×副師長歡迎。他們在軍中從沒有聽着這種悲壯的抗敵歌，而製造這些歌曲的人們，都是爲了抗敵的戰士們製造的。所以結果×師長和×副師長都說要請小妹妹們去當士兵們的唱歌教師。

六　四川同鄉會救護隊員努力

吃晚飯的時候，說到我參加四川同鄉會救護隊在羅店碭行救傷的時候，×師長和×副師長，都非常稱讚四川同鄉會救護隊之努力。實在給了他們很多幫助。飯後，大家帶着滿意的笑臉，辭別了×師長×副師長和參謀主任。他們一直把我們送出大門外面，還給我們照了兩張照片。握別時，他囑咐我們常常去談。

歸途中，亞芬長長地嘆了一口氣。

「唉！大失所望！」她說：要早知不是戰壕內，「我還不願來啊。」

「難道今天聽了這多寶貴的報告，還不滿意嗎？」我問她。

「…………」

「今天你們把抗戰的歌曲直接唱給抗戰的將官們聽，他們都受到很大的感動，而且又要叫你們去教授那般抗敵的士兵，這也就是你們今天的工作。」我的話還沒有說完，農村中的婦女都成羣結隊地跑到莊子外面來，追着看我們，因爲我們上午經過她們的村莊時，她們都知道我們是女的。所以回來的時節，我們才走到村莊，好像通了無線電約的一樣，她們大家都圍起來了。今天雖然沒有到達戰場，可是在農村婦女們的心田上，已經給她們下了一顆奇異的種子。他們曉得了，原來女人們也可以穿起軍裝到軍隊中做事。至少這天夜裏，有很多人要大談婦女從軍的故典。還有很多的少女們，青年婦女們的心中也都在想，她們怎樣方能夠穿起軍衣來爲國家做事情。我指着那些婦女對玉芬敏玉說：「看吧，這也是今天的工作，我們的一把小野火！」她們都快樂地笑起來了。

血戰三日記

——胡蘭畦·十月二十日——

正在愁着沒有地方寫文章，想打電話向副官處借一張桌子來，忽然電話鈴響了，聽聲音，這是黃參議打來的。

「喂，謝團長，××師的副師長剛從前線歸來，他有許多新消息供給你寫文章，你有功夫來嗎？」

「好的，我立刻來。」

剛洗過頭髮，還沒有乾，但我等不及了，一聽到有前方的消息，比得着了什麼寶貝都高興，就三步跨做一步走，很快地來到了軍部。

黃參議介紹了我們之後，我有點感到侷促不安。因爲自己從沒有當過新聞記者，向一個從不認識的長官詢問前方戰況，究竟要採取什麼樣的談話方式才好呢？

參謀長望着我笑了一笑，我自己有點不好意思起來，連忙乘機對副師長說：

「請副師長多多告訴我一些前線將士們抗敵的經過給我聽吧！」

「沒有什麼特殊的消息報告，所有在前線作戰的隊伍都是一樣地勇敢的。」

他自謙地說着，聲音像女人似的那麼柔和。

「不要客氣，就立刻動作吧！」

黃參議代我催促，這才開始聽到副師長談他們作戰的經過了。

「我帶了×××旅（註：×副師長兼任旅長）由××西門出發到××宅是九一八的晚上，九點鐘的時候，在朦朧月色中把我軍應守的陣地接收完畢了。在火線上一連會着三個旅長，大家談起敵軍那種偷生畏死、狼狽而逃的情形，眞令人發笑。這一晚，敵人沒有來攻，我們嚴守陣地，間或有稀疏的砲聲傳來。走出門外一看，只見星光黯淡、村落淒涼，除了我們的隊伍外，聽不到一點人聲，戰場的淒涼，原本算不得什麼，但這次敵人的炸彈、大砲，犧牲了無數的老百姓，弄得他們妻離子散，鷄犬不寧，實在太叫人痛心！

「第二天晚上，敵人來猛攻陣地，砲聲隆隆，房子都被震動了。我們的隊伍在昨夜就要衝過去了的，一聽到砲聲，大家就不顧死活的只管向前衝去，有兩排人首先摸了過去，敵人見我來勢洶洶，拚命加緊大砲攻擊，於是流血的序幕開始了！我方受傷的官兵很多，但誰也不害怕大砲，每個人都在熱血沸騰，摩拳擦掌地願以血和肉來抵抗敵人的飛機大砲，以爭取中華民族的生存。

「這晚正值舊歷中秋節，月色特別清朗，想到後方的人們這時正在那裏愉快地賞月，而戰地是用大砲代替了鞭爆，用血代替了葡萄酒，弟兄們都忘記了中秋吃月餅，只記得拚命去奪取敵人的頭顱。

「十點以後，砲聲愈加猛烈了！我們陣地的右翼是××行，由××開來的旅，就駐防這裏，該旅的旅長姓×是湖南郴州人，但他能說一口很流利的廣東話，我們的電話也像砲聲一般，沒有間斷，有時他太忙了，一接上電話筒就說：『快不要和我講話吧！我正在指揮作戰，忙得很呢！』有時他打過來的電話，我也沒有功夫接……

「第二天早晨，我們剛剛開始吃飯，大砲又來光顧了，空隆幾聲，打得屋上的瓦片亂飛，差一點連我們的飯碗也打破了。」

副師長說到這裏，大家都哈哈大笑起來。他說話的本領眞大，不慌不忙，有條有理，而且很能描寫當時的情景，令人一聽如親歷其境似的。

「那時的空氣非常緊張，」他繼續着說：「前方不住地來電話告急『我們的陣地被大砲衝翻了，弟兄死傷的特別多，怎麼辦？』我回答他們：『管他，衝翻了也得死守陣地，死傷得只剩一個人了，也不許後退！怎麼辦？就這樣辦！死完了就算盡了我們衛國守土的最後責任！」

——不可抵禦的，偉大而壯烈的犧牲精神！

我眞想大聲叫喊出來，但爲了怕打斷了他的話頭，只好讓心的呼聲來代替。

「這天從早晨七點開始，一直到下午五點，砲聲沒有間斷一分鐘，受傷了的官兵，絡繹不絕地流着血從旅部的門口經過，他們見了我只親切地叫了一聲：「旅長！」不呻吟，也不表示痛苦，只是低下頭來，慢慢地掙扎着走他的路。因爲大砲攻得太厲害了，連担架兵也無從來救護，因此受了重傷的，死了又生，生了又死地就這樣做了壯烈的犧牲。

「後來實在被大砲追得太厲害了，死傷的官兵又多，暫時放棄了原來陣地移駐河邊。晚飯後，我軍又增援一營，於是下令奪回陣地，這時敵人僅留少數機關槍在那裏防守，我軍衝過去，他們丟了槍就跑，我們不但佔領了原來陣地，而且獲了許多槍砲和子彈。

「第三天，敵人大概是精疲力竭了，所以沒有來攻，我們趁着這時趕快把被敵人破壞了的工事做好。不料第四天，他們又以大砲飛機坦克車來猛攻了，我軍死傷的更多。我惟恐有士兵後退的，於是下令各團長、營長、我們要死守陣地，不能後退一步，如果有退的我就殺你，同樣，我如果向後退，你們就槍斃我！

「在這樣的情形之下，我們血戰了三天三夜，終於把敵人趕走了××宅，雖然我方犧牲了不少的官兵，但敵方比我們死傷的更要多。」

「報告副師長！請理髮！」

忽然一個會理髮的勤務兵提了小箱子進來替副師長理髮。我請一面理髮，一面談話，起初他不肯，勤務兵老站着不動，經我再三要求，他才坐到那張高椅子上去。

「請繼續着說吧！」

我忘記了他已經說了不少的話，茶也沒有喝一口，又在催促他。

「値得我們高興的，是在這次抗戰當中，每個官兵都很勇敢，他們負了傷的還不肯退下來，有幾位連排長，左手打斷了，右手還在拿着槍指揮作戰，我們都把死字忘記了，只知道前面有敵人，只知道怎樣去撲滅他們，才算盡了我們對國家民族的責任。」

「這就是鐵軍的精神！拿破倫說字典中無難字，你們是軍隊中無『死』字。」

我說着，心裏燃燒着對於這些英勇的將士們以無限的欽佩與景仰。

「還有一件很有趣的事情，」他回憶了一下又微笑着說，「有一天××團的團部移動到旅部的位置，團長對他的部下說：『旅部在這裏的時候，附近中了好幾次砲彈，旅部都沒有打壞，一定是旅長的福氣特別好，我們搬到這裏，也沒什麼危險的。』話剛說完，他和團附正看地圖的時候，忽然砲聲隆隆，向這邊射擊，團副說：『團長，砲聲越來越厲害了，你快到地下室去暫避一下吧。』他們剛下去，空隆一聲把屋子打壞半邊，電話機也就在這時殉難了。」

哈哈哈，又是一陣笑聲，充滿了整個空間。

最後我們談到了伙伕，副師長連忙搶着說：

「唉！伙伕眞偉大！他們挑了飯菜從好幾里路的後方送來，有時被流彈打傷了，有時被炸得粉身碎骨，但他們一點也不害怕，仍然挑了飯菜，冒着雨冒着砲火送來，我們如果沒有他們送飯，都要餓死了，還說什麼和敵人拚命？」

「對了，他們的生活最辛苦，然而工作最重要，每天他們要等一切人吃飽了自己才有一點殘湯剩飯充飢。」我也是第一個同情伙伕的人。

暫時沉默了二三分鐘，副師長突然提出這一問題來問我：

「×團長，我覺得戰爭實在太殘酷了！人爲萬物之靈，應該愛好和平的，爲什麼要有戰爭？什麼時候才能達到眞正和平的目的？」

「人類一天有侵略者存在，戰爭就一天不能免，眞正的和平，是要用無數的頭顱和熱血換取得來。我們明知道戰爭的殘酷，但造成戰爭罪惡的是少數狼心狗肺、無公理、蔑人道的軍閥以及帝國主義者，他們是劊子手，是人類的公敵，我們要消滅他，就免不了戰爭，等到把全世界的强盜都打倒了的那一天，就是人類實現眞正和平的日子。」

談的話太多，我似乎有點疲倦了，但副師長究竟不同，他雖然談了一個多鐘頭的話，精神還是那麼好，理髮匠的工作也完成了，勤務兵冲了六杯牛奶來，大家圍在桌子上喝着，緊張了一個多鐘頭的心緒，到這時才輕鬆下來。

——冰瑩·一九三七、十、十四黃昏於軍部——

血的故事

在矮小的平房裏，地上鋪滿了稻草，蒼蠅圍着有血跡的地方吮吸着、亂飛着，在房子的東角躺着一個頭部受傷、和左腿貫通的戰士，他傷的太重了，誰都担心他的生命不能挨過今晚，然而他自己却很平靜，嘴裏雖然在不斷地呻吟，但當我們替他洗傷口換藥時他並不大聲叫痛，只把眉頭縐一縐說了一聲：「快點吧，我要睡去了。」

大約是下午六點鐘的時候，一連來了十二個傷兵，眞湊巧，他們都住在同一間房子裏，因爲有幾個傷輕的喜歡說話，（有一個是我的老鄉長沙人）於是我伴着他們坐在草堆裏開始聽着血的故事了。

「你是在什麼地方受傷的？」我問一位個子矮小、看來有三十多歲的弟兄。

「東林寺。」

他回答着，目光炯炯地向我注視。

「這地名我今天才第一次聽到，你是幾時受傷的？」

「今早四時，天還沒有亮的時候。」

「傷的弟兄不多吧？」

「唉！我們傷的並不多，只是敵人的損失太大了！」

他帶着幽默的調子說着，我正想問他爲什麼要「唉」一聲時，躺在他右邊的弟兄却大駡起來了：

「媽的，你還憐惜敵人死的太多嗎？你準是漢奸！」

聽聲音，他是一個十足的北方老。

「同志，開口就罵人做什麼？你聽我說完再罵不遲。」

矮個子是四川人，說話還是那麼一副滑稽的表情，於是有兩位笑了。我也暗暗地欽佩他有資格做蕭伯納的同志。

「對了，等這位同志報告他作戰的經過吧。」我臨時冒充了主席，制止了他們的吵嚷。

「開始和日本鬼子打的時候，我們的排長胡玉政用手槍就打死了十多個敵人，後來不知怎的槍機忽然打不響了，他急得要命，連忙舉起鐵鍬來向敵人衝去，這一下，可真了不得，居然打死了他們的中尉排長。」

「好，痛快，痛快！」

我情不自禁地叫了出來。他連忙接着說：

「且慢一點，痛快的還在後頭呢。我們有一個弟兄，他趕快從那位死排長的身上把白晃晃的刀抽了出來，亂砍一陣，又砍死了好幾個敵人。他們見我們來勢太猛，於是敗退逃去。

不到一刻，突然大砲響起來了，喝，他們打的眞兇，如果是胆小的，嚇都嚇壞了，一連打了百多砲沒有停過。但我們仍然冒着敵人的砲火衝鋒；這次不幸我們的排長受傷了！」

「唉！」

我輕輕地嘆息。他却並不理會我，只顧滔滔地敍述着：

「我們的班長見形勢太緊張了，於是打電話回團部請示，又調了一連人來。有個傳令兵潘什麼名字的，我一時忘記了，他一個人架了輕機關槍向敵人掃射，他們又死了三十多人。我們的弟兄看到敵人死亡的這麼多，胆子更加大了，於是放肆用手榴彈向敵人陣地的壕溝裏丟去，他們簡直無法抵抗，這一下又完結了他們百多條狗命，所以我說他們的損失太大了，哈哈哈！」

他笑着，我們也跟着笑，大家都高興得說不出話來，連那兩三位重傷的同志，也停止呻吟，來聽這個勇敢動人的故事了。

「還沒有說完呢，」他要那位坐在他左邊的同志替他點燃了香煙，因爲他的左手被炸傷了，失掉了作用，一縷淺灰的煙從他的兩隻鼻孔裏出來以後，他又繼續着像說書一般的打開話匣子了。

「大家都知道，日本人是最愛迷信的，他們因爲怕死，什麼人的身上都帶着一道符咒，以爲菩薩會保佑他打勝仗不會死的，所以他們對於中國的廟宇也特別尊重，從來不敢燒毀，這回在東林寺他們打了一次大敗戰，日本鬼恨死了我們的菩薩沒有保佑他，一場火就把東林寺燒個精光。」

又是一陣笑聲，把醫務所的人都驚動了，唐醫官走來望了一下，因爲得不着要領，陪着我們笑了一下就走開了。

「還有一次也很有趣味，」這回輪到我的同鄉王金生了，他是×團×營×連的上士，左腿受了傷，血還在流，但他好像一點都不感覺痛的樣子，很興奮地說着：

「前幾天我們攻金家宅的時候，敵人盡用大砲來打，我們一槍也不還，他以爲我們都死光了，就衝了進來，誰知我們都埋伏在戰壕裏，等他稍爲向我們陣地前進的時候，我們就一齊爬出來用機關槍掃射，一下打死了他們八十多個人，從此再也不敢來打金家宅了。還有一次，他們衝到我們的外壕來了，我們拚命開槍，他嚇得屁滾尿流，連忙鑽到戰壕裏面去，我們趕快用手榴彈打去，三排人全體被我們打死了，得了許多新式步槍。」

「媽的，日本人眞不行，聽到我們的槍聲就嚇得發抖，×××團的工兵營，有次被大砲埋在土裏了，他們爬了出來，臉上都是烏黑的，死了一個傷了一個，其餘的拿起槍來就向前衝，日本人見了這些黑臉將軍，嚇都嚇死了，還敢說打？」

又是另一個弟兄說的故事，引得大家都笑了，我笑得特別厲害，要不是在他們的面前，也許會笑得在地上打滾。

「日本人都是不中用的東西，我們一開槍，他丟槍就往後跑，我們的機關槍有次被敵人的重砲打進土裏了，敵人非常高興，以爲毀掉我們的武器了，誰知我們的弟兄趕快把牠挖了出來又打過去。」

故事越聽越多了，在黯淡的洋燭光下，我在小日記本上記載着我軍英勇作戰的精神。

「車子來了，趕快走吧。」

担架兵進來抬那個受了重傷的同志，其餘的都掙扎着站了起來拿了自己的包袱向馬路走去。我送到門口，用親切的聲調歡送他們：

「同志們，趕快把傷口休養好了，好再上火綫殺敵！」

「好的，過幾天再來找你們。」

他們走遠了，然而每個人說話的聲音和態度深深地印在我的腦海中。

南翔夜行記

——冰瑩·一九三七、十、七夜——

滬戰發生後的南翔，已成爲敵機轟炸的大目標了！從早晨起，南翔的原野還在做夢，敵機便來攪擾了，從此便是你來我去，一隊炸完了，一隊又來換班。直至夕陽西下，倦鳥知還的時候，才結隊回去。到了夜色深沉，說不定也來幾次，排起照明燈來肆虐。這些殘暴的傢伙，似乎定了時間表一樣，天天都來，從沒有脫空的。

昨天晚上，敵機鬧了整天，已飛回去了，我們便乘這個終日難逢的機會，跟着×××老遠的跑到南翔鎭視察了一趟。在我們還沒有走入南翔的街道之前，我的意想以爲南翔一定炸得「七七八八」了，但是，當我們置身南翔的街道中，竟出乎我們的意料之外，原來整個南翔已經炸得粉碎了！

我們一行人，踏着殘磚碎瓦，走了幾條街道，簡直找不出一所好房子，街道的兩旁，不是殘垣斷壁，便是磚瓦場上露着一個幾丈闊的大洞，那些屋頂開了幾個天窗的房子，已經是較爲完好的了！

在崎嶇的街道上，雜亂地躺着彎彎曲曲的電線，走得快一點就要絆倒，同時還有那許多亂七八糟的梁木，橫亙在路上，或者高高的從屋頂伸到地下來，常有碰得頭破的危險，有時候遇到狼藉的木頭，阻斷了行人、路人們要和狗一樣從下面爬過。偶然舉頭望望，那眞是嚇煞人，招牌子和窗門欲墮未墮的吊在上面，說不定一陣風吹過來，也會砰砰彭彭的飛到地下來的。

×××一邊走一邊提醒我們：叫我們不要踏到有木頭的地方去。不然，觸動了一根木頭，會牽連到全間房子倒下來的，在這種危樓破壁的街道上走，簡直是冒險。

南翔的街市，已成了一個恐怖世界了，周圍黑黯黯的，死沉得令人害怕，除了我們踐踏碎瓦的脚步聲之外，便沒有一點聲息，也沒有一個人影，竟連狗影也看不見了。大概是人們走空，那些靠人爲活的狗也不得不灰心地走到別處去了！走遍南翔，已看不到一個生物，唯一的生物就是我這六個夜行人！

我們在黑暗中摸索好久，走得有點疲倦了，便想找個地方坐坐，後來找到一所較爲完整的房子，那是一爿小茶店，從前老百姓在田間辛勞了一天，便到這裏來泡一壺茶，舒舒筋絡，安閒地談桑說麻，那是多麼快活？但是現在茶客早已不來，櫈凳上，已積滿了高高的塵埃，竟成了跳樑小鼠的世界了！

因爲凳子上的灰塵太多，我們沒有坐，又到黑暗中摸索去。路上，經過「大青館」，那片陳舊的招牌尙可辨認，從前我們到到南翔來，都到這裏來吃湯包，這次到這里來却是吃炸彈了！南翔的街道我們也頗熟識，但是現在炸得七零八落，方向已不能辨別，要不是×××的勤務兵白天曾來過，眞是找不出歸路。

我們由×××的勤務兵做嚮導，彎彎曲曲的走了許久，才走到「顧家花園」那條路上來，「顧家花園」本是南翔的名勝，足以和「古漪園」媲美的。上海人到南翔來，除了吃出名的湯包之外，總到這里來逛逛，可是現在已變了田園荒蕪，雜花無主的淒涼景象了！

從前的南翔，本是一個好地方，居民稠密，商業也頗繁盛，但是現在竟成了敵機消耗炸彈的地方，糟塌得滿目荒涼、人跡不到的悲慘世界了！

在歸途上，我們不禁興起了無限的感慨，同時心頭的憤怒之火也不可壓抑的迸發出來！

——許華・二十八日記寫於戰地防空洞中——

蔡將軍羅店血戰殉國記

自「八一三」英勇的淞滬抗戰開始以後，在戰略上佔着很重要位置的羅店，這個名兒幾乎是舉世都知無人不曉了。在這兒犧牲了無數的愛國志士與民族英雄，他們是用了他們的頭顱和熱血，去阻止倭寇的前進，以換取我們國家的獨立、和民族的生存。我們勇毅而仁厚的蔡旅長，他就是這羣偉大的先烈裏面一位，而且是我們國軍高級長官中最先犧牲的一員。

記得是八月廿五日的那一天吧，敵由川沙口登陸的一部約三千人左右，據當時的探報係敵十一師團多田駿所部，於羅店的北面陸家宅沈宅之線佔領陣地，並急謀襲佔羅店。那時蔡旅長，他率着五千健兒從××星夜趕到了羅店，奉有攻擊該敵的任務，他於是很沉着的作了極週密的部署。待部署完畢，時間還只是午前二時。夜色的沉暗與寂靜，象徵了整個中華民族的遭遇，隣接陣地的遠處，傳來幾聲斷續而依稀的槍聲，更增加了這五千健兒殺敵的決心。他們一方面在羅店的附近構築點必要的工事，一方面就在陣地上取着休息的姿態，好準着拂曉後的斷殺。但是我們這位足智多謀的蔡將軍，他並不和他部卒一般的去睡眠，却另外派了一排的兵力在陣地前方一個角落裏埋伏起來，然後才走進他臨時的掩蔽部中，倒在一塊門板上和衣假寐。不一會，陣地的前面，傳來幾分鐘濃密的槍聲，和沉重的手榴彈聲，接着就寂然無聞。再過十多分鐘，就看見先派去埋伏的那位排長到旅部來報告，說是有兩排的敵人前來夜襲，他約束着他全排埋伏的士兵，不許動，不許做聲，等他們接近到約莫五十公尺的時候，他們就把二十多個手榴彈一齊向敵投擲了去，接着又是幾次排槍，隨後就端起步槍挺着雪亮亮的刺刀向敵人猛衝了去。結果那兩排的敵人，除了少數竄走外；無一生還，其中並擊斃敵少尉成田三一員，並搜獲他們的兵力部署一紙，和十萬分一地圖一份。蔡將軍這時把手表看了一下，是三時卅分，他於是緊速的把那俘獲來的敵人兵力部署和十萬分一地圖檢閱了一會，派人轉道到師部，一方面就下令準備攻擊，天色雖仍是那樣的黑暗，但遠處東方的天空正透露了幾許淡青的光亮，星兒的眼睛已不像深夜中閃爍得那樣厲害了。任攻擊最先頭的隊伍都屏聲靜氣的開始向前面的目的地蠕動着，不一會敵人的槍聲由稀薄而轉到濃密，午前四時三十分，李團的先頭部隊就完全佔了敵人的前哨陣地。蔡將軍等到前哨陣地佔領以後，確實知道敵人的大部在陸家村盤踞，於是就决心命李團向陸家村攻擊前進，這般健兒得命，興高彩烈，無不前仆後繼，向着陸家村勇猛的一往直前，殺敵無算。適在這當兒，敵人的大隊增援部隊趕到，於是又重整隊勢，向我們這英勇的蔡旅反攻，同時又用牠優勢的砲火向這邊陣地的後綫行殲滅射擊，一時槍聲、砲聲、飛機擲彈聲、兩軍肉搏喊殺聲，喧囂一片，響徹天地。我們的蔡將軍就在這時陸續的接到李團長負傷和張營長陣亡魏營長負傷的惡耗，又聽說敵人數倍於我，而我方各部因幹部傷亡太多，大有無人掌握的趨勢，他聽了這許多惡耗，但他竟沒有一點慌張的氣態，他一方面命朱團增加左翼，一方面指定了李團的代理人，自己又把旅部推進了百多公尺接近到散兵線的直後去指揮，並下如左一道命令：

「本旅將士誓與陣地共存亡，前進者生，後退者死，其各凜遵！」

此時已午後零時三十分，强烈的陽光，直射到這般爲民族求生存的健兒的全身似乎是象徵了他們前途的光明，他們更加鼓起了勇氣，向陸家村的敵人輾轉的衝殺。敵人因了第二次援軍的增加，也拚命頑强抵抗，牠們的獸機更是在天空像飛蝗般的活動轟炸，在這當兒蔡將軍他見着戰況的緊張和羅店的重要，他竟率着他唯一的特務排、和朱團第三營，向敵陣突擊，全旅官兵見着旅長率身先導，於是士氣大振，進攻也更加劇烈。不幸我們忠勇仁厚蔡將軍的胸部，就在他這勇往直前的當兒，被敵人的步彈貫穿了，他這時還揚着手高呼前進！前進！及至他左右的衛士和看護扶他倒下綁紮的時候，他喉中「前進」的聲浪，還由他最後的幾次微弱的呼吸中傳吐了出來，一直到他雙目闔閉爲止。啊！這樣悲壯熱烈的犧牲，爲國家求生存的犧牲，爲人類求和平的犧牲是多麼值得崇拜而景仰的喲！

最後，請大衆知道一下蔡將軍的簡歷吧：蔡將軍字槩宜，隸籍安徽合肥，黃埔一期及陸大特別班一期畢業，歷任團旅長、警備司令、及保安處長各要職，學識和經驗都非常豐富，尤其是性情的溫厚，决事的爽速，特具有大將風度。他全旅的官兵沒有一個不愛戴他的。這次羅店爲國捐軀，無不悲傷不置，這也可證明蔡將軍平昔待人之厚，和感人之深了！聽說蔡將軍生前廉潔，死後蕭條，他那旅的上級司令部已積極的在那裏替他從優撫卹哩！

——薛祚光——

殉難營長周鑑

民國二十六年九月二十五日上海有許多的大日報，都在很顯明的地位登有標題爲：「市中心區一役周營長壯烈殉難經過」的新聞一則，全文如下：「中央社云，本月七日晨，敵在虬江碼頭登陸後，猛攻我市中心區陣地，我×××師×××團第一營營長周鑑，時在沈家宅方面指揮作戰，敵以排砲不斷轟擊，我防禦工事，悉被損毀，我忠勇將士，以血肉之軀，堅守陣地，使敵不能駐足。相持至四小時之久，敵發砲逾千，我已傷亡過半，周營長亦不幸身中數彈，仍負創指揮，士卒見狀，咸奮激異常，沉着應付，誓與陣地共存亡。激戰至午後二時，敵步兵蜂擁而至，我以衆寡懸殊，被突破陣地。時周營長已傷重仆地，但仍持手槍斃敵多人，至彈盡力竭，終爲敵慘殺殉難，而完成其衛國守土之偉業，此種忠勇爲國殺敵致果之精神，敵雖瘋狂，亦爲敬佩不已云。」

周營長和我，不僅相識，並且全在一師服務已逾六載之久，又曾有好幾個時期，我們因公而幾乎天天見面的。我屢次的隨軍開拔和參戰，更增多我隨時和他晤面的機會。所以，我見到他的陣亡消息就十分驚奇。「驚」是因爲我們感情很好而他突然永逝，「奇」是因爲在九月十六日還收到過他十四日晚上由陣地寄給我的來信，何能於七日陣亡呢？

後來，經我向關係方面詢問，據云：周營長確是陣亡了。那末，這報上的消息僅是日期的錯誤而已。

我證明了周營長的陣亡消息是確實的以後，爲之痛憤移日。既爲國家失去這樣一個有爲的人才而痛惜；又憤恨敵國的軍閥；若是他們稍有頭腦和人性而不向同文同種酷愛和平的我國得寸進尺侵略無止，則又何致引起這次我國上下一致爲正義爲民族的應戰呢？

與我共事數年的周營長現在是爲國犧牲了，可是我竟連他的遺容都不及一見，殊覺悲悵；所以雖然我從歐洲返國迄今懶於寫文已將八年，然而此次却極願冒然握管：一則是追悼他的殉難；二則是覺得將這位忠勇衛國的軍人介紹於國人是我的責任。

周營長名鑑，號光明，湖南長沙人，按照公曆計算今年是二十九歲；殉國時他的官是陸軍少校，職是步兵營長。弱冠前畢業於本省中學，因爲愛國心切，遂入廣東黃埔軍官學校，故乃黃埔軍官學校第×期畢業生。革命軍定都南京後，曾被派赴蘇北軍中見習，不數月調返首都，考取訓練總監部派赴德國學習軍事公費生，惜被家事所阻，未克成行。未久選入昔日的敎導隊，該隊日漸擴充成師成軍，數年前又由軍分成若干姊妹師，但他至終均在實爲該隊基本的第×××師。他先是在師內騎兵營任下級軍官，後來騎兵營改爲騎兵連，他就以已爲騎兵營連長的資格轉任了師司令部直屬的騎兵連長，「一二八」淞滬抗戰的時候，他正任職騎兵連連長而曾奮勇殺敵。他的天資和儀態很好，精神亦極旺盛，文字又具根柢，所以各級長官均甚重視。我數年來在師司令部協助全師軍事敎育如關於軍士方面、步兵方面、重機關槍方面的各種訓練班和訓練隊，均由師部當局任他爲主管官。他作事負責，對下有方，所以深爲官兵敬服。我們訓練時的一切敎授；他都肯潛心學習；我們訓練時的一切計劃，他均能絕對實施。因之我們的各種訓練，數年以來雖然很多，但以由他負責的那些班隊收效最宏，我們的訓練能夠稍有成績，一半確是靠了他的努力。師長極識人才，故當去年在鎮江衆任學生軍訓總隊長時，即調他在軍訓總隊中任大隊長之職，受訓的大學生和中學生對他的感情都很好；我想，凡曾受過他訓練的同學，現在聽到他的殉國消息，必無不爲之悽然的！

去年春季，他由騎兵連長調升第×××團團附；今春，因外侮日亟，形勢嚴重，師長鑒其學有根基而智勇兼備，爲擇才任用及使展其所長起見，調他轉任該團的第一營營長。他果能做到殺敵致果寧死不退的烈事，實乃師長王敬久氏智慧過人善擇良材的成績及平時訓導出衆的光榮，然而周營長服從長官命令立志衛國保土的忠實行爲，亦可謂不負師長期望的模範軍人了！

周營長是獨子，他的家庭中上有年高的老父，下有稚齡的二子，夫人今春尙隨居蘇省，後因時局嚴重而返故鄉，茲聞陣亡之訊，闔家因情感所引起的悲痛可知；但是老父素來訓子報國，子又確能盡職殉難，所以在公的方面，想這位白髮喪子的老父必以教子成功爲喜慰，而光明營長亦定因得伸素志而含笑於地下了。他的夫人，深明大義，自能教育幼子，使之將來會繼父遺志而爲正義爲民族努力的。

他以前和我在閒談的時候常說：「希望早日抗戰，懲戒橫行而無人道的暴敵，因爲爲正義爲民族的作戰，是一個軍人千載難逢的幸遇！」

今將九月十四日晚上他在×××陣地寄給我的最後手書中可以公開的兩節抄錄於下：

「……自參加戰爭以還，迄今一月零三日，艱難受盡，爲民族爭生存，生死已經置之度外，可恨身在戰場，不能抽暇前往……每日飛機炸彈與砲彈之轟炸，弄成塵土遮天，如此橫行看倭奴能支持多久，全營官兵傷亡殆盡，雖經補充一次，所剩無幾……」在這封信里，我們可以看出他自參加戰爭以後苦鬥的情形和早具爲民族生存而犧牲的决心了！

馬革裹屍完成壯志，是可喜而不足悲的；何况乃爲正義而犧牲？因之，我若單爲周營長著想，則覺得他的死是死得其時死得其處！所可惜的，他是步騎兩科均有根柢的人才，加之智勇好學，不單是我國軍中不易多得的營長，就是與世界上任何軍隊的營長相較，除了年齡之外，絕無不及之處。這樣一位前程遠大的戰士，今乃不幸早亡，確是國家相當的損失。

因爲限於軍事的關係，有許多周營長的事蹟尙不便公開細述，上面所寫的僅是大概而已。

最後，我覺得有一點感想：像南口全團爲國殉難，寶山孤營與城偕亡這些壯烈的事蹟是國人共知的了；但是我們所不知或知而不詳的壯烈事蹟還多得很呢！然而，不論正在奮勇殺敵或是已經負傷陣亡的戰士，上自長官下迄士兵，他們的戰，他們的傷，他們的亡，究竟是爲什麼？連自身的生死都已置之度外了，難道還是爲個人的利益嗎？不！不！我是久處軍中的，我確知他們是爲民族，爲國家！所以我覺得除了那些出賣祖國、唯利是圖、植黨營私、沽名釣譽之輩已非人類外，就是不爲前線後方工作輸財竭力而仍醉生夢死的民衆，亦是愧對良心的！

——湯德衡・寫於應戰槍砲聲中的二十六年雙十節——

閘北孤軍指揮官長訪問記

僥倖生存於現在的大時代中，個個人均有創造歷史的機會。

閘北謝團孤軍，即是爲我們大中華民族造成一頁光榮燦爛萬古不朽的歷史的人。

民國二十六年十月二十七日，南戰場上的形勢，因爲大場失陷，牽連到淞滬戰局第一道防線上的閘北軸心，爲了避免受敵方的包圍，在閘北的十餘萬大軍，於接受命令之下向後移動了，而當時担任掩護後退責任的陸軍第八十八師二六二旅五二四團－謝晉元團，在謝團附指揮之下，也完成了他們的掩護重任，使大軍整肅地有秩序的後退了，本來他們也可以從容隨大軍後撤，但是，他們不撤，他們還有更重大的任務，因此就孤守閘北的最後陣地卽光復路口四行倉庫與大陸銀行倉庫，堅守不退。

要知道該處的房屋，是第八十八師的師部，也是孫元良將軍的軍部，他們在這閘北軸心上駐了已經二個半月，對我們自己國土上的一物一件都發生了情感，不願輕輕的放棄給敵人，除了要取得敵人的最高代價，和流盡了最後一滴血之後。

他們這一團，實際上也沒有一團，也沒有八百，也沒有一營，僅有四百二十個誓死不退的同志，最高的指揮者爲謝團附晉元，（團長韓憲元，於節口抵抗掩護反攻後，率領其餘一營奉命後撤了）及營長楊瑞符，他們均以誓死的决心，堅守這最後陣地達四晝夜，敵人用盡了種種方法攻打了四晝夜，也沒有動得他絲毫，而敵人被我們擊死的達一百名以上，我們祇有十幾個同志殉了難，三十幾個受了傷。

三十一日的上午，因爲最高當局蔣委員長的命令，在嚴紀的軍令之下不得不遵從地作更有意義的孤守的退了出來，但是他們一點東西都沒有遺留給敵人，一切的一切都帶了出來，除了暫時放棄的一塊土地和燬壞了的房屋之外，他們的精神是多麼偉大呀！全中國的同胞，全世界的人類，都崇拜他們。

現在他們是在大上海的一角休息，在這裏我們也應該深深的給我們同情和援助的友邦致謝的。記者奉社命，特地於一日去訪問這位發揮偉大精神的指揮者謝晉元團附在某處地方，經人傳達了之後，記者就隨着走了進去，這是一個臨時搭成的布蓬、蓬內分成二間，外面一間內有該團其他的同志在工作，傳達者引我到裏面一間內去，這裏有二架行軍牀，三只籐椅子，一張小桌子，上面香煙和茶都有現成的擺着，看樣子是剛才有人來訪問過的。

傳達者和我介紹之後，記者立即起來和歡迎我的一位軍人握手，他，就是謝晉元團附。

他有着一副沉默而瘦削的長臉，剃着和尙頭，穿着一套草綠色的軍服，左胸襟上面掛着一個蔣委員長的肖像。記者先代本報讀者致以無限的敬意以後，並將張萍舟同志的一個托我轉達的電報轉給了之後，我們就不客氣的坐了下來。

他的傷並不重，傷是在敵人的一個平射砲的彈片上受的，當二十八日的夜間，敵人在無法可施的時候，就拿平射砲向這四行倉庫房屋內轟，這時謝團長正在很忙指揮着同志們防禦，一個砲彈竟被他穿過了牆頭打了進來，砲彈也炸了，但是巧得很，這個爆炸的彈片沒有打在其他的要害，剛剛打在謝團長的腰間的皮帶上，故祇在左面腰間受了一點微傷。

他對我表示了謝意之後，記者要他談談孤守四行中的作戰經過。

他很高興的答應了，他說：「我們這一團，本來是駐在北站大廈內的，十月二十六日晚上十時，大軍奉命撤退，我們奉了留守閘北的命令，於是在掩護後退工作完畢了之後，當時即向預定的陣地四行倉庫方面集合起來，一方面在那裏築起工事來，準備固守。

「至於敵人來攻我們沒有什麼可記的，他們就是靠機械，但是我們大家都決定了死，看見了敵人就打，總之四日夜之內，被我們殺死的敵人有一百多個。」

我們正在講的時候，有幾個外國記者也來訪他，他們有三個是路透社的，剛從南京謁見了蔣委員長來上海，特地來訪謝團長，要把我們這一位抗敵英雄傳播到全世界去。

他們對謝團長都表示非常欽服，他們說，在孤軍沒有退出閘北的時候，他們適在南京晉謁蔣委員長，蔣委員長也讚許孤軍的勇敢，同時他們並問了許多關於敵人作戰的方法，約一刻鐘才去了，我們仍舊談着。

他說：「敵人的作戰能力，現在完全顯露了，我在閘北二個半月，一切敵方的利器，多已看到了，就是飛機大砲和毒氣三樣，現在敵方已經完全對我們使用過，而且大大的使用。

但是我們也不怎樣敗，我們認淸了這一點，就可以知道此後的結果。至於說敵人的步兵，作戰能力比起我們的士兵來差得很遠，就以這一次在四行倉庫那邊來講吧，本來敵人對我們是取着包圍形勢的，他在我們的倉庫外面停留着許多架機關槍和鐵甲車，倘使我們要退，那一定是犧牲很大的，照我自己的估計，我們這一營人要撤退，也得要與敵併去三分之二，出來的不過三分之一的可能。但是敵人不會利用，他在我們不動的時候濫掃機關槍，」他停了一停又說，「這裏說下去要說到我們的撤退了。當三十日晚上起，敵人的槍聲在我們的四週，一直就沒有停，我們是九點鐘奉到命令的，司令係以電話通知的——當時的電話沒有斷，我在奉到了命令之後，因爲外面的機槍很厲害，我就下令準備衝殺，並沒有把準備退出的命令告訴同志，因爲我們這時候個個是準備與此陣地共存亡的，根本沒有想到退出和再想求生，及到命令來了，不得已祇有遵從撤退。可是又如何退法呢？在這樣緊張的時候，那里有衝殺敵人的痛快。待到三十一日上午一時的時候，同志已完全準備好了，那時我方命令遵命撤退，以三架機關槍斷後，先向敵人衝攻，準備大殺一場，可是敵方竟不敢和我們拚，他們的機關槍手大概也已經嚇退了；故敵人的槍裏也不吐出火來了，我們得以從容地退了出來，但是有幾位同志是在那時受了傷的。

「現在我們各官兵都很興奮，我們即可開往前線去再和敵人死併，本人亦『誓以此身與倭寇週旋到底』。」

後來，我再問他對於我們退至第二道防線後，有何感想。他說「在整個中華民族和敵人拚命的時候，這種小進小退，沒有什麼道理，歐戰的時候，德國的軍隊已經打到了巴黎，結果德國還是失敗，就是一個好譬喻，我們現在不是求一時的勝利，我們要求的是我們國家民族的永生，蔣委員長曾經說過，我們要從非常危險和艱難中才能得到落後的勝利，現在的小勝小敗算得什麼。」

最後的說：「在現在的第二道防線上，因爲河港交叉，比之前第一道防線還要有利我們，有名的興登堡陣地，就是利用河港呢。」

謝團長廣東省人，今年三十三歲，家屬仍住在廣東，有子女各二，他是中央軍校第五期畢業生，出了校門之後，即參加北伐，輾轉分駐在廣東、南昌、漢口、及沿京滬滬杭甬兩路一帶，至今已經從軍十一年了。

——勻秋•十一月二日——

孤軍退出記

我軍自陣地移動後，獨留孤軍八百餘人，由團附謝晉元、營長楊瑞符指揮，堅守閘北光復路口四行倉庫與大陸銀行倉庫，苦撐四晝夜，始於昨晨二時許，因奉最高當局命令，全部退入安全地帶。這一幕英勇抗戰，引起中外注意，記者雖經數日調查，終以有關軍事秘密，未便輕於發表。現在我英勇將士已經退出，將任長期抗戰中與敵作更壯烈、更偉大、更有效的奮鬥！閘北孤軍的堅守雖事已過去，但他們在這一「天然堡壘」中的種種活動，却值得我全軍將士，全國民衆的注意，在今後英勇抗戰中實地應用起來，定於抗戰前涂上有不少的效力。

因爲大場一點的突破，十餘萬大軍的陣地，作了戰略的後移。實行之初，大家還不免有些懷疑，可是事過幾天，大家都沒有什麼話說了；主要的，因爲我們的後撤不單避免了敵人包圍的犧牲，而陣地更形鞏固了。在長期抗戰總結算上沒有什麼不合算。

同樣，閘北孤軍因爲意志的齊一堅强，行動的敏捷果敢，實際已盡了殿軍的責任；使閘北數萬主力軍獲得了掩護，很安全整肅地退出了閘北。我們在一個佯攻之後，行動了一個整夜，敵人都沒有察覺，直到天亮才前進。又因爲楊營長的堅守，更根本避免了敵人的追擊；這是楊營已費盡了掩護退却的責任。

敵人劈拍劈拍地一連攻擊了四晝夜，傷亡了百餘人，消耗了無量數的彈藥，而我們困守的孤軍，因爲工事的堅固，技術的高明，只有五個人殉國，帶傷的也只有三十多人。因爲孤軍的奮鬥，引起了敵人的重視，世界人士的同情，民衆熱烈的抗敵愛國情緒，這是孤軍又一任務的完成。

現在，他們全營歸歸來了！我相信他們個個人的信念更加强了！殲敵經驗更多了，在敵人重重包圍中度過了幾天，敵人的紙老虎也穿破了！拿這樣的奮鬥精神，再配以優良的陣地，雄厚的兵力，適當的時機，去對付敵人，那效果比長久死守在這孤懸的有限陣地上好得多。

再，這批勇士回到整個部隊以後，極自然的會將他們的實戰經驗，堅苦精神，傳到大批隊伍中去，這效果之大，決非公式的政治教育與死板的軍事訓練所可比擬。

所以，最高領袖命令孤軍撤退，是十分正確的；楊營將士達成了重重的任務，然後奉命而安全撤退，更沒有什麼不圓滿的地方。我們民衆的熱烈鼓勵，除希望他們多殲滅幾個敵人，達成了他們任務以外，未必有人誠心地要看他們演一幕「壯烈犧牲」！而且他們這種始終「服從命令」，「達成任務」的精神，只要能普遍到全軍全民，我們的抗戰部隊像一部靈活的機器地由最高領袖去適當的運用，我們的抗戰前途，决沒有失敗的道理。

記者昨天在細雨濛濛的午後，抱着滿腔的熱誠，到一個醫院慰問負實際指揮孤軍作戰受傷的楊瑞符營長。楊氏面容很消瘦，而精神則出我意料之外的奮興。

他的傷在小腿部，他讓我看時，一肢壯健的小腿部，在無數層的紗布纏繞中，依他精神的良好，想在最短期間可以痊愈的。

我剛剛坐下，就有極濃馥的香氣撲來，仔細看看，原來他的床邊、桌上，都擺了好幾盆鮮花，有一盆是無名女郎送來的。我正預備談話時，該院護士長湯競葦女士又送一大盆菊花來，整個病室在芬芳的籠罩中。

「我這次很遺憾，殲滅的敵人不多，既未成功，又未成仁。…………」楊營長首先謙抑地說。

「你這次既掩護了大軍退却，又殲滅了許多敵人，現在全部安全脫險，今後在長期抗戰中，更將大建功績，還有什麼遺憾。」我很直爽地作了幾句解釋，並希望他談談他們全營苦門的經過。

「好，我寫你從頭說起：十月二十六日晚十一時，我奉了留守閘北的命令，即率部向四行倉庫集中，當時砲火猛烈，軍隊分散各處，不易很迅速的集中起來。我命傳令兵分途出去，先由北站防地集合了一連，開到四行倉庫，我帶第二連續去，三連與機關槍連隨後也到。

「因爲事前毫無準備，所以一直到午夜二時許才完全到達目的地。第一步先收拾炊具，找尋些必需的柴木，然後偵察地形，佈置陣地，開始構築工事；並破壞了全部電燈，以便軍隊隱蔽，並免敵人利用電線放火。到一切部署差不多時，天快亮了。

「晨六時，在蒙古路附近旱橋警戒的一排兵前來報告說：『敵人前進了！』接着警戒兵一面迎頭痛擊敵人，一面逐步後退，退到本陣地時，已七時半了。那時北站大樓上，已插上太陽旗了，但是敵兵還未敢輕進，先用砲亂轟了一陣，見我軍還擊聲稀，才到處放火，實行所謂『威力搜索』。」

他談到這里，病房內外已雜亂地站立了七八個人，都在靜靜地傾聽他的敍述。

「到下午二時許，敵人進到蘇州河邊，開始向我們進攻；警戒部隊立即應戰，庫內部隊仍趕做工事，敵來勢很兇，一面猛襲，一面放火，與我軍激戰二小時，敵傷亡達四五十名，待我警戒部隊退到四行倉庫時，敵又跟進，堵住倉庫門來襲。」

當時大家的面容，顯然受到他的感動，緊張起來，等候他說下去。

「那時我們的工事還未作好，所以我一面派兵堵門迎擊，一面派兵到房頂去投彈，投了二個迫擊砲彈，幾個手榴彈，倉庫西南牆下，就擊斃敵兵七八名，傷二三十名，其餘都跑走了。遺棄槍枝四五支，直到我們撤退時，還在那里放着，因爲我們派兵監視，敵始終未敢拿去，遺屍都是由警犬拖回的。」

他剛說得興奮了，要繼續說的時候，一個女護士送來一碗藕粉，他在大家催促之下匆匆吃下去。

「廿七日與敵激戰前後三小時後，敵人已知我軍不可輕犯，靜寂了兩天，少數敵雖屢圖偷襲，均經我軍擊退。我們大部隊專門拚命做工事。這所倉庫，眞是一個「天然堡壘」，儲存了幾千萬包糧食，第一二三層樓都是小雜糧之類，四層與五層，是牛皮與絲繭，都是很有用處。一層至三層，我們作了三天就完全告成。將每個窗戶門口均封閉了，南牆邊的麻包，堆積了五公尺厚，北邊各門口，築有十公尺厚，都是從地板到屋頂。第四層因爲材料不夠，並爲引誘敵人多多消耗彈藥，實際我們無人住在四層樓，第五層工事昨天已完成，這層工事非常好，比敵人侵佔的交通銀行倉庫高得多，我們完全可以控制敵人，敵人對我們沒辦法。」

大家正聽得痛快的時候，忽然走進來一位十六七歲的童子軍，向楊營長深深地鞠了躬，表示敬意以後，默默地站着聽話。

「昨天我們只顧在五層樓做工事，只派少數兵應付敵人，敵雖來不斷攻，我們在裏邊根本聽不大清楚，讓他去瞎攻，消耗子彈，我們子彈寶貴得很，沒有優良目標，决不放一槍。

「到昨晚（即前晚）十一時，我們作好了第五層工事，還剩了許多麻袋，正打算放在屋頂，防敵空襲，忽然奉到撤退命令；同時敵人攻得漸漸緊了！所以我們預定五日完成的工事再未進行，否則屋頂與第四層工事今天均可作成了。」

這時，有女護士來試溫度，按脈搏，所以沉默了幾分鐘，有人還送來鮮花籃，楊營長說：「我眞是受之有愧！」

「我們除忙着做工事外，還注意到防火、照明、衛生等設備。其次，簡直沒有水喝，倉庫里的水管都沒有水。後來在蘇州河邊一所破房子中才弄了自來水，但是恐怕敵人破壞了，所以在每層樓放一個水桶，把大家的小便都藏起來，以備防火之需。我們用棉花打成捻子，潤些煤油點起來，作照明用，淩空擲下，同時還用一個棍子，綁上繩子，繫上民衆給我們贈送的大號手電筒，一人持着，將身子躲在一邊，一人向下投彈。另外還可以打信號槍。

「我們在北站與敵人戰了兩月多，敵人的一切，我們都曉得了；他們有的就是大砲飛機與戰車，可是我們已經有了對付的經驗，老兵一點不害怕，就是補充的新兵有時吃虧，他們的步兵太胆小了。

「在這里，工事這樣堅固，戰車原本衝不進來，重砲用不着，飛機因爲這個倉庫到底目標很小，不易投中，稍稍不準，就要抛到他們自己陣地。」

他說着並用水筆爲我畫了一張陣形，證明敵機的無用，絕對不敢直下轟炸，就是直下，我們也有防空設備，屋頂上早有兩架高射機關槍等着。

「最怕的，是敵人在倉庫附近隱蔽的地方，挖掘地洞，用炸藥炸壞了牆，同時用戰車來衝洞口，那就不好應付；所以我們在晚間不斷用電筒向外來照射，如發現有敵人活動，馬上就投彈。至於敵人用平射砲亂轟，實際毫無效果，這倉庫比北站大樓堅固得多，全是紅磚紅士敏士建成的，我們打一個槍眼，也得費五個鐘頭。加上我們的四晝夜的工事，外方打步槍裏邊有些地方聽不見，眞可說『有恃無恐』。我認爲長期抗守很有把握，毫無問題。民衆在外邊爲我們著急，我們在裏邊倒『視若平常』，因爲一方面我們都有犧牲決心，一方面成功頗有希望，成仁符合我意。

「我們沒有不遠觀的地方。大家關心的只是我們的工事沒有完全作好，有這樣多的麻袋供我們使用，有這樣多的糧食作我們軍食，有這麼多英勇的兄弟……實在捨不得。我同謝團附離開這陣地時，忍不住都落淚了！」他說着眼圈似乎有點紅暈，又要落淚的樣子。我也全身發了熱，趕快脫了大衣，又向他解釋說：「你們的撤退，並沒有什麼遺憾，我們不是要長期抗戰嗎？」

「是的，軍人以服從爲天職，我們守是奉命，退也是奉命，而且是冒死退出的。我們退出的路口，敵人佈有四部機關槍，並有照明燈，我們打壞了一架，敵又裝了一架。我們是用兩架輕機槍，一架重機槍保護退出的。我們官兵苦守了四晝夜，大家只趕着作工事，誰也沒睡覺。

「這次堅守中，出力的都有那幾位？」

「那天投彈炸死許多敵人的，是排長殷求成幹的，他因未用棍子打雷筒，被敵擊傷了右手。我們對官兵，只求能達到任務，這次堅守的，都很有決心，誰派到任務，誰都可以達到，般排長機會好，所以表現好。我們這次的決心，是中華人民個個都有的，中華民族能延續到今天，不是偶然的。日本人不認識我們民族的歷史，一定要我們永遠忍耐，到底屈服，必招慘敗。」

他說着又想了想說：「還有一位上官連長，湯醫官，因爲移防時都在他處，直到二十八日才經過許多堅苦視死如歸地趕來，鑽進了四行倉庫，與大家決心共存亡，都很可佩的服。另外有第三連陳排幾個弟兄，在敵人堵門來攻時，他們在敵機槍猛射中英勇奮戰，爬在抱上弄了一臉灰，起來擦擦眼，又向敵還擊，待敵機槍又射，又隱蔽到地上，這樣更番苦戰的精神，都很不可多得。」

「現在事過了，你們當時的兵力分配，可否對我講講？」

「兵力佈置按戰術上分重點與輕點，最要是兩翼，所以我們左翼（卽交通銀行倉庫那邊）右翼（西藏路方面）都配備重兵，中間兵力薄弱。我同謝團附住大陸銀行倉庫里邊，我們的重武器，計輕機槍二十七條，重機槍六架。高射機槍兩架，只要我們堅守下去，定可殲敵不少。」

楊營長是河北省人，中央軍校第六期畢業生，與閻戰中陣亡的王作霖團長同期；「一二八」時在河南担任剿匪工作，初在第二師，曾參加過許多戰役，「八一三」戰起，冒了好幾次險。昨晨初次受傷，因見手上有血，始行發覺。

——問津——

八百好漢死守閘北
趙景深作
楊瑞符校

編者按：我們編這部大衆讀物，希望能做到：大衆能看，大衆能懂，大衆能從這裏獲得一些滋養。因此，每本書出版前，是費着相當的考究的。不只是在形式的配置上，要切合大衆的習慣，在內容的取材上，要增進大衆的胃口，而且在寫作上，除了寫作前根據實際經驗來動筆外，寫好後，還要當衆試驗（試讀及試唱），請一般大衆及實生活經驗者來評判，評判後經過修正，然後才付印。譬如，這第一本『八百好漢死守閘北』，起稿雖是遠在八百好漢未退出四行之前，但是因爲我們想請他們實際參戰者親自校正起見，所以等到見着實際指揮這次鬥爭的楊瑞符營長時，當面讀給他聽，請他修正並添加了內容後，才付印的。以後幾本也要儘可能照這樣做去。這里，說明我們的編輯方法和態度，同時也說明這本小書遲出及與其他同類書籍不同之處。

黑煙滾滾冲雲霄，
閘北四處大火燒，
火鴉亂舞飛天際，
一片大地盡枯焦。
我軍雖已退出閘北地，
烈燄之中還留有守土衆英豪。
這就是謝團附率領楊營八百個，
寧死不退要與日軍見低高。
八百英雄據守在四行堆棧内，
面前是蘇州河水滾滔滔。
隔河便是租界地，
英兵把守在垃圾橋。

這堆棧三面牆壁對河一面是窗户，
水泥鋼骨守得牢。
日本旗遍地插滿像是賣膏藥，
又好像插標賣首隨風搖。
這其中昂然獨立我旗號，
四行屋頂，青天白日旗幟扯得高。
對河百姓行經此地齊脫帽，
大家都欽仰衆軍曹。
卡車行老闆獨捐光餅五萬個，
他還說賣掉卡車也要去慰勞。
慰勞的個人團體無其數，
送來了白糖食鹽和麵包。
英國兵眼見謝團處絕境，

三面盡是日軍包。
不由地激起同情齊勸勉，
要我軍進入租界把軍械交。
他們說：「貴軍好意我豈不知曉，
須知道守土有責誰也不願逃。
剩一兵一卒，誓爲中華民族求生路；
餘一槍一彈，也要與倭寇戰一遭」
英國兵幾次三番勸告全無用，
八百個英雄依舊要把兵交。
孤堡内只有青豆不堪飽，
臨危不懼，衆軍依舊樂陶陶。
上下樓梯神色自若真堪敬，
清晨還到屋頂柔軟操。

胸前佩徽決死隊，
一心要把倭奴梟。
最苦的是庫內沒有滅火器，
洗臉水和小便留着當水澆。
用竹竿縛電筒代替照明彈，
用棉花蘸火油時刻向下拋。
又把那信號槍來放，
管教那小么魔無處奔逃。
女童軍楊惠敏冒又險獻旗一面，
先後輝映都在四行屋頂飄。
八百個英雄把工事都佈好，
單等那日兵來吃槍刀。

二

廿六夜半我軍已進入四行內，
　敵軍還不敢進前把兵交。
廿七正午敵軍纔敢搜索向前進，
　胆小如鼠實在糟糕。
我軍忙把機關槍來放，
　迫擊彈也對準敵軍拋。
敵軍被擊斃七十幾，
　只打得胆落又魂消。
激戰三時敵軍退，
　從此就不敢正眼視我曹。

三

廿八清晨敵軍在河畔打旗語，
　急忙把他部隊邀。

我軍中一兵嘗見拚一死，
手溜子彈縛在腰，
突由六樓往下躍，
一陣青煙，敵我一同煙火消。
不久另有一批敵軍來進犯，
步槍聲音響得高。
我軍忙用機關槍來掃，
斃敵數人，餘寇嚇得狼狽逃。
隔壁錢業倉庫敵兵也把槍來放，
我軍置之不理瞧也不去瞧。
敵軍三次來犯又敗走，
我軍在窗隙用手招，
敵兵一見逃得更加快，

只恨爺娘少生腿兩條。
隔河英兵哈哈笑，
原來日軍盡草包。

四

廿九清晨敵機到，
要想投彈把貨棧燒。
我軍連把機關槍來放，
敵機連忙向東逃。
十餘敵人又手中持利斧，
要想把巨廈大門撬。
扼守窗子的壯士知道了，
使勁把手溜彈來抛。
四五敵兵應聲倒，

餘兵覩狀倉皇逃。
我軍要想耗去敵子彈，
又故意在窗口用竹竿把盔挑。
敵軍集中機關槍來掃，
我兵見了笑斷腰。
這一日敵兵四次進攻全無用，
不能動我半分毫。
前兩次是在上午天未曉，
敵軍十餘沿牆跑。
使下一條火攻計，
要想在牆脚用火油燒。
我軍假裝不知道，
日兵畏怯，伏地而進，活像老鼠[illegible]

貍貓。

看見逼近，我軍就大量寬宏請吃迫擊
彈，
日兵忙退，不敢再領這頓好菜肴。
第三次汽艇兩艘走水路，
滿裝着輕機槍，手溜彈；駛進蘇州
河一條。
看看走近四行了，
英兵不許牠過橋。
日軍嘵嘵不休定要進，
交涉了兩個鐘點汽輪只好往回跑。
英兵不許牠也沒法想，
牠只好氣在心頭愁在眉梢。

汽艇退後步兵又來到，
六十餘人氣燄囂。
我軍沉着來應戰，
彈如雨下打得日兵沒命逃。
遺屍遍地敵兵不敢來收殮，
只叫那警犬幾頭拖屍跑。
第四次敵軍十餘再來打，
被殺四五就此不敢把戰挑。

五

三十清晨敵更狡，
逐漸移動大沙包。
沙包推進兵也進，
一步一步向四行跑。
我軍早已窺破敵人計，

看看來到，就用機關槍來打，手溜
彈來拋。
黔驢計窮改策略，
從西北角上把後路抄。
交通銀行上架起小鋼砲，
把四行擊成四個小洞代效勞。
我軍說：「多謝費心，來得正好！」
本苦於牆堅難打，現在就在這洞口
架起機關槍來掃羣妖。
夜間九點敵軍又猛犯，
機槍步槍響聲高。
又被我軍殲滅五十幾，
不禁凶欿狂發惹了毛。
午夜忙開平射炮，

其聲隆隆震四郊。
每秒一砲不惜本，
一心只想把四行燒。
正在此時蔣委員長密令到，
要我軍退出孤堡到新戰壕。
恪遵軍令只得揮淚全軍退，
留得此身再上前線把鬼子梟。
楊瑞符身中流彈傷了腿，
謝晉元最後退出傷了腰。
我孤軍連守四日又四夜，
全世界都稱讚他們氣勢凌雲高。
八百英雄臨退高呼民國萬萬歲，
四日來獨守孤堡不屈撓，青史永記

大衆讀物之一

八百好漢死守閘北

每册實價國幣伍分
外埠酌加郵費

編者　趙景深
校訂者　楊瑞符
主編者　江凌
發行者　大衆文化叢書社
總經售　上海福州路生活書店第三八四號

中華民國廿六年十一月初版
中華民國二十六年十二月再版(漢)

閘北孤軍記

目次

由四行想到四川

郭沫若

二十七日因戰略上的關係，閘北一線稍往後方撤退，把守四行倉庫的八百勇士卻誓死不動，在敵人的重圍中，在煙焰冲天的火海中，高擎着青天白日的國旗，與敵人抗戰到底。租界的英國兵，勸他們卸下武裝，退入租界，而他們不動。四圍的狂敵集中火線來威脅他們，而他們仍不動。這忠勇壯烈的行爲激起了國際的同情，振作了我軍的士氣，爲我們國家民族增加了無限的光榮，無上的人格。

每逢東戰線略略推移一次，租界上的寓公們總要大大地動搖一次。什麽文化人內移，什麽赴京商呈要略，巧立名目，大登廣告，既可以逃出虎口，又可以出其風頭，這些慣會欺世盜名的聰明才智之士，看見這八百勇士的壯烈的意氣，大約總可以稍稍內省一下了吧。

聽人說，當大場失守的消息一在報上傳播了出來，有錢的大富公們便忙着想逃難，但到四行倉庫的情形又在報上傳播了出來的時候，便稍稍鎮靜了下來。這是應該的。是非羞惡之心爲人所共具，到底那種值得我們景仰，那種值得我們鄙感，就是三歲的孩子都可以辨別。

四行倉庫的八百勇士們，我現在僅以十二萬分的誠意禱祝你們死守到底。因爲你們的死守，勝過你們的生還，但假如我們反攻得利，把你們活活地救了回來，那是又當別論。人生是總有一死的，死有重如泰山，有輕於鴻毛，八百勇士們如戰死在四行倉庫，那你們的死，便是你們的永生，你們將要與黃花岡烈士，寶山城烈士，長垂不朽。國家民族將要永遠賴着你們的死而增加光榮。

由四行倉庫八百勇士的壯烈卻又想到了我們四川的軍人。

在這次的抗戰上，所有全國的兵力，據我所知，幾乎都是總動員了的。而且在這動員期中還有無數的佳話。例如在山西陣亡了的郝夢齡軍長，他本是駐箚在貴州的，當華北戰局業已展開，他曾向中央請命，願率所部赴前線効命，中央一時未加許可，他便把師長的位置辭了，讓給了別人，一人獨往北方去調查軍事。中央對於他的倚重是沒有變更的，時機到了，仍責成他指揮某部的作戰，結果是促成了他的成仁的大志。——這是前幾天陳誠將軍親自對我說的話，請看這郝夢齡將軍不是把張巡許遠並而一人了嗎？

同樣是關於貴州部隊的開發，二十五號的晚上我由某處至某處，有一位×長和我同車，他是從貴州開發來的。奉到中央的命令只開發×千×百人。然而開發至途中，卻有一百人鬧小差趕上了。大家都說：「如不能上前線甘願槍斃，不願意留在後方。」×長說：「聽了他們的話，我實在受了感動。從來只有鬧小差朝後方逃，決沒有開小差朝前線趕的。所以我也就寬容了他們，也可以說違背了中央的命令，多帶了一百人來」。這段小小的故事，聽了，覺得也值得令人涔涔眼淚。

4

總之，在這次的抗戰上，連僻遠的貴州都早已動員了。貴州兵的動員，是經繞過四川的東部的。繞過了四川境地的貴州兵都已經趕上東戰線，本是那兒的高級長官已經在西戰線上陣亡，而我們四川的軍隊和他的指揮者呢？

據我所知道，楊森將軍和他的所在部一個月以前早已是上了戰線的，戰績亦相當可觀。但是在四川軍人中資望最重而部屬最多的劉湘將軍，却至今還沒有一兵一卒開出夔門。這却不免有點使我們失望。記得八月初劉將軍到南京的時候，對於公衆說過些壯烈的話，主張和日本抗戰，以為我們的軍實準備只如坐着雞公車，敵人的軍實準備是坐着飛機（大意如此，原譬恐稍有出入，）要準備充實然後作戰，那是永沒有作戰之時。這話在全面抗戰未開始時曾經博得了多數人的喝彩，我自己也是感銘頗深的一個人。然而抗戰以來已經三四個月了，却不見我們劉湘將軍親率所部在前線上週旋，甚至連一兵一卒都還沒有出夔門一步。該不是眞眞正正地在「坐着公雞車準備」吧？大家都在望眼將穿了，我自己是四川人，尤其希望我們四川軍在這次神聖抗戰中多於替我們爭一口氣。

5

孤軍奮鬭始末記

楊瑞符營長述
問津筆錄

記者昨天在細雨濛濛的午後，抱着滿腔的熱誠，到一個醫院慰問負實際指揮孤軍作戰受傷的楊瑞符營長。楊營長是河北省人，中央軍校第六期畢業生，與闘戰陣亡的王作霖團長同期；一二八時在河南擔任剿匪工作，初在第二師，曾參加過許多戰役，八一三戰起，冒了好幾次險，昨晨初次受傷。

他雖然受了傷，而精神出我意外的興奮，下面卽是楊營長在鮮花環繞的病塲上口述的『孤軍奮鬭始末記』，經我筆錄下來的。

一 我們的集合

我這次很遺憾，殲滅的敵人不多，既未成功，又未成仁。……

自十月二十六日晚十一時，我奉了留守閘北的命令，即率部向四行倉庫集中，當時砲火猛烈，軍隊分散各處，不易很迅速的集中起來。我命傳令兵分途出去，先由北站防地集合了一連，開到四行倉庫；我帶第二連續去，三連與機關槍連隨後也到。

因爲事前毫無準備，所以一直到午夜二時許才完全到達目的地。第一步先收拾炊具，找尋些必需的柴木，然後偵察地形，佈置陣地，開始構築工事；並破壞了全部電燈，以便軍隊隱蔽，並免敵人利用電線放火。到一切部署差不多時，天快亮了。

晨六時，在蒙古路附近旱橋警戒的一排兵前來報告：「說敵人前進了！」接着警戒兵一面迎頭痛擊敵人，一面逐步後退，退到本陣地時，已七時半了。那時北站大樓已插上太陽旗了，但是敵兵還未敢輕進，先用砲亂轟了一陣，見我軍還聲聲稀，才到處放火，實行所謂「威力搜索」。

二　第一次殺敵

到下午二時許，敵人進到蘇州河邊，開始向我們進攻；警戒部隊立即應戰，庫內部隊仍趕做工事，敵人來勢很兇，一面猛襲，一面放火，與我軍激戰二小時，敵傷亡達四五十名，待我警戒部隊退到四行倉庫時，敵又跟進，堵住倉庫門來襲。

那時我們的工事還未作好，所以我們一面派兵堵門迎擊，一面派兵到房頂去投彈；投了二個迫擊砲彈，幾個手溜彈，倉庫西南牆下，就擊斃敵兵七八名，傷二三十名，其餘都跑走了。遺棄槍枝四五支，直到我們撤退時，還在那里放着，因爲我們派兵監視，敵始終未敢拿去，遺屍都是由警犬拖回的。

三　眞是個天然堡壘

　　二十七日與敵激戰前後三小時後，敵人已知我軍不可輕犯，靜寂了兩天，少數敵雖屢圖偷襲，均經我軍擊退。我們大部隊專門拚命做工事。這所倉庫，真是一個「天然堡壘」，儲存了幾千萬包糧食，第一二三層樓都是小麥雜糧之類，四層與五層，是牛皮與絲繭，都是很有用處。一層至三層，我們作了三天就完全告成。將每個窗戶門口均封閉了，南牆邊的麻包，堆積了五公尺厚，北邊各門口，築有十公尺厚，都是從地板到屋頂。第四層因爲材料不夠，並爲引誘敵人多多消耗彈藥，實際我們無人住在四層樓；第五層工事昨天已完成，這層工事非常好，比敵人侵佔的交通銀行倉庫高得多，我們完全可以控制敵人，敵人對我們沒辦法。

　　昨天我們只顧在五層樓做工事，只派少數兵應付敵人，敵雖來不斷攻擊，我們在裏邊根本聽不大清楚，讓他去瞎攻，消耗子彈，我們子彈寶貴得很，沒有優良目標，決不放一槍。

到卅日晚一時，我們作好了第五層工事，還剩了許多麻袋，正打算放在屋頂，防敵空襲，忽然奉到撤退命令；同時敵人攻得漸漸緊了！所以我們預定五日完成的工事再未進行，否則屋頂與第四層工事今天均可作成了。

四　有恃無恐

我們除忙着做工事外，還注意設防火，照明，衞生等較備。其次，簡直沒有水喝，倉庫里的水管都沒有水。後來在蘇州河邊一所破房子才弄了自來水，但是恐怕敵人破壞了，所以在每層樓放一個水桶，把大家的小便都藏起來，以備防火之需。我們用棉花打成捻子，浸些煤油點起來，作照明用，凌空擲下，同時還用一個棍子，綁上繩子，繫上民衆給我們贈送的大號手電筒，一人持着，將身子隱在一邊，一人向下投彈。另外還可以打信號鎗。

我們在北站與敵人戰了兩月多，敵人的一切，我們都曉得了；他們有的就是大砲飛機與戰車，可是我們已經有了對付的經驗，老兵一點不害怕，就是補充的新兵有時吃虧，但他們的步兵太胆小了。

在這里，工事這樣堅固，戰車原本衝不進來，重砲用不着，飛機因爲這個倉庫到底目標很小，不易投中，稍稍不準，就要拋到他們自己陣地，且絕對不敢直下轟炸，就是直下，我們也有防空設備，屋頂上早有兩架高射機關鎗等着。

最怕的，是敵人在倉庫附近隱蔽的地方，挖掘地洞，用炸藥炸壞了牆，同時用戰車來衝洞口，那就不好應付；所以我們在晚間不斷用電筒向外來照射，如發現有敵人活動，馬上就投彈，至於敵人用平射砲亂轟，實際毫無效果，這倉庫比北站大樓堅固得多，全是紅磚紅土敏土建成的，我們打一個鎗眼，也得費五個鐘頭。加上我們的四晝夜的工事，外方打步槍裏面有些地方聽不見，眞可說「有恃無恐。」我認爲長期抗守很有把握，毫無問題。民衆在外邊爲我們着急，我們在裏邊倒「視若平常」，因爲一方面我們都有犧牲決心，一方面成功頗有希望，成仁符合我意。

我沒有不達觀的地方，大家關心的只是我們的工事沒有完全作好，有這樣多的麻袋供我們使用有這樣多的糧食，作我們軍食。有這麼多英勇的兄弟……實在捨不得。我同謝團附離開這陣地時，忍不住都落淚了…………

五　奉命退出

軍人以服從爲天職，我們守是奉命，退也是奉命，而且是冒死退出的。我們退出的路口，敵人佈有四部機關槍，並有照明燈，我們打壞了一架，敵又裝了一隻，我們是用兩架輕機槍，一架重機槍保護退出的。我們官兵苦守了四晝夜，大家只趕着作工事，誰也沒睡覺。

六　日本不認識我們民族的歷史

那天投彈炸死許多敵人的十是排長殷求成幹的，他因未用棍子打電筒，被敵轟傷了右手。我們對官兵，只求能達到任務，這次堅守的，都很有決心，誰派到任務，誰都可以達到，殷排長機會好，所以表現好。我們這次的決心，是中華人民個個都有的，中華民族能延續到今天，不是偶然的。日本人不認識我們民族的歷史，一定要我們永遠忍耐，屈服到底，必招慘敗。

還有一位上官連長，湯醫官，因爲移防時都在他處，直到二十八日才經過許多堅苦視死如歸地趕來，鑽進了四行倉庫，與大家決心共存亡，都很可佩服的。另外有第三連陳排長幾個弟兄，在敵人堵門來攻時，他們在敵機槍猛射中英勇奮戰，爬在地上弄了一臉灰强起來擦擦眼，又向敵還擊，待敵機槍又射，又隱蔽到地上，這樣更番苦戰的精神，都很不可多得。

七　那裏面的兵力佈置

兵力佈置按戰術上分重點與輕點，最要是兩翼，所以我們左翼（即交通銀行倉庫那邊）右翼（西藏路方面）都配備重兵，中間兵力薄弱。我與謝團附住大陸銀行倉庫里邊，我們的重武器，計輕機槍二十七挺，重機槍六架，高射機槍兩架，只要我們堅守了去，定可殲敵不少。

孤軍八百人

徐遲

一

瀏行，大場公路，像一條巨蟒褪下來的長長的蛇皮；不是因爲天氣炎熱才路一方塊一方塊的龜裂，而是因了無數的炸彈炮火把它炸成這個醜惡難看的樣子，十月廿五日晚，敵軍的主力部隊在猛烈的砲火掩護之下，向大場以西的塔河橋宅進犯，一夜激戰之後，大場南翔公路爲敵軍突破了一公里。十月廿六日晚，國軍反攻，壯烈的犧牲，爲的是尺寸國土；男兒的頭顱，男兒的血，盡是爲了尺寸國土，爲拋卻而流的，幾小時激戰後，國軍收復了原有防線。十月廿七日晨，黎明的紫色光芒中，敵軍又大舉來犯，沿了醜惡的蛇皮，敵方的坦克車，柴嗒柴嗒的前進，一聲雷轟，一聲霹靂，塹壕因砲彈連續飛來，同時，在第三量的空間，飛機以立體的優勢，盤旋在我們的國軍的上空，一小隊剛飛過，另一小隊又臨空而來，射擊，投彈了，三四十輛坦克車，這些笨東西，有一半已車身打進了路旁的泥濘的棉田裏爬不動了。現在機關槍步槍聲，代替了時間的節奏，大地顯然在炮火中震動了。蜜蜂似的唸唸的聲音來了，卜卜卜卜的是飛機上的機關槍，在大場之東，左側，敵軍也潮湧而來，「殺啊！」這是我們的武器，我們的戰略，我們的悲壯的呼聲，人的聲音，雜在機械化的各種爆炸的聲音中，這全不像紅氈毯上的歌劇女伶，在盛大的管弦樂隊給她伴奏時，她那歌喉的一喊。「殺啊，」一次兩次，再一次，兩次，衝鋒，進擊，肉搏掃射——這正是鬼子軍人所感到的，像「煎豆」一樣的聲音，國軍沉着地，有時是勇敢地抵抗着。「煎豆」似的聲音射擊，炮火正是煎豆時用的釜力，在紫色的黎明中，隱約可見衝鋒的人，足一軟，腰向後一彎，於是狂吼一聲「殺鬼子啊」，他就擲了槍樸到地上，無數的人影子從他身上踏過去，也有人倒下來，倒在他身上。血肉要造成新的長城，血肉要保衛祖國一尺一寸的土地，猛烈的戰鬬繼續着，於是在這光榮的一天，又是不幸的一天的晨間，大場以西的屍地上，敵軍突破了我軍的防線，大場危急了。在這一帶平原地上，有無數小河蜿蜒的平原地上，因爲沒有軍事要點可守，給敵軍的炮火佔了軍事上的優勢。鐘叩着九時，朱耀華師長和其餘的軍事長官接到決定了暫時退出大場的密命。同時密令還說，閘北一帶的駐軍同樣退出，而廟行一帶的駐軍則向江灣之北撤退。另一個祕密的命令，是十點三十分，閘北駐軍退出時，八十八師一部份將士，由團附謝晉元，營長楊瑞符率領，據各軍事上要點，嚴密防守，堵截敵人，這樣，在閘北一帶戰區裏，一方面國軍在退新防線，一方面，猛烈的炮火，手溜彈，槍刻子依然敵人飛舞，經謝團附，楊營長的機巧的同時又猛烈的守衛，那敵軍還是死亡，還是不名譽地爲侵略而死亡，絲毫不知道江灣至閘北國軍防線，立刻將有變動，從無數桿輕重機關槍的嘴裏，子彈吐出來。從沙包，或別的掩蔽物裏，我們的將士的嘴角帶了堅定的冷笑，來一個敵人，死一個敵人，來一羣敵人，死一羣敵人。鬼子不中用，不中打。我們的將士的心裏，漸漸的，從煩與火似的模糊的感覺中，凝成了一個輪廓鮮明的，强烈的概念，「老張」，一邊射擊，一邊這個意志堅决的聲音說話了，「老張，我們的弟兄退得差不多了吧？老張，我同意你們，我們不想退，我就不喜歡退；我們不是殺鬼子殺得正順手，正痛快，不對，剛剛痛快！」機關槍又是一連串。「老張，你——怎末！你怎末啦？好傢伙，你比我先走一步。可恨是你比我少殺了幾個鬼子，老張，我要决定不退了，我陪伴你，我們這一營多的人都不會退，我們好好的幹他們一下子，對不起，你等一等我，又來了一批鬼子。」在密集的射擊聲中，有一千左右的善戰的壯士，逐漸的，逐漸的從模糊以至於明確，决定了固守最後陣地，决定了絕對不撤退，死而後已，當謝團附，楊營長在炮火間視察弟兄們的時候，弟兄們告訴他們，這近千的數目，不屬於這次撤退的軍隊，這近千數目的弟兄，屬於這幾天來戰死的一羣英魂。「我們不要活，我們要死，我們甯願死，要讓我們的軍隊，依然有一大隊固守閘北。」團附和營長別處聽到的是這堅決的口吻，他們知道弟兄們幾小時來，受了重大刺激，已眞眞了解了民族解放的重大責任。一個新的思想在團長和腦中一閃，他用了鋼鐵一樣的聲音，告訴營長。「那一帶」，他說：「不是有着一些鋼骨水泥的大建築物嗎？我們退退這裏面去。糧食，也可以算是夠用了，軍火，不成問題，」營長接上去。人，個個是英雄。

二

夜來了。

當黃昏侵入的時候，同胞們，我們不是看見屋宇，樹林，電線桿，工廠的烟囱，一一的沒入了暗黑了嗎？是的，在秋天的晚上我們看見夕霞，看見倦鳥，看見倦鳥從夕霞中飛來，隱入寒林，看見黑夜來臨，於是遼遠的地平線上，什麼也看不見了，可是，國軍從大場廟行閘北撤退後的這天晚上，夜雖來了，彷彿却沒有夜色一樣，在遼遠的地平線上，沒有黑暗，沒有寂靜，沒有夜，只有火，那兒——滿是火焰，那兒——是燦原的大火，巳經燒了一天，而現在還熊熊的，在吞沒大建築物，嚥下房屋和街道，大火的紅光直冲上雲霄，橫幅展開幾里路程，是的「火光燭天，」我們找不到別的好形容了，一番紅，一番紅，濃煙冒起來，幾十丈高，於是我們看見，映在這紅光的幕上的是屋宇的黑影，受難的電線桿和工廠煙囪，樹本的黑影，從前這一帶是和平的市集，和平的商業區，住宅區，現在，敵人使牠在可怕的火焰中失去了和平，寂寞，平安。

我們瞭望過去，那是一個火的海，火的海。在火的大海上，風定時，火的波浪，鄰酈似一幅平而精緻的大紅織，綿但當風起來了時，火的浪濤就也起來了。火的浪濤，洶湧；火的大海，奔流。

烈燄籠罩，四圍都是敵軍，而中間，在蘇州河新垃圾橋北堍的幾座銀行堆棧的大廈中，國軍有一營以上的兵士，雄踞着，謝團附，楊營長和以下的八百多個弟兄，他們本是國軍撤退時，奉令扼守要點的，大軍安然撤退後，他們却不願退，不願退，只願死，抱定犧牲的決心，他們依然固守了閘北。

在大廈的頂上，他們北望望見大火的海，自己是火海的邊上的一座孤島，自己是這孤島上的八百人的孤軍。他們南望望見那邊的靜靜的黑夜，有千萬顆星星樣的燈火，在這黑夜中灼灼的發光。可是，他們沒有時候欣賞美麗的南頭，因爲，「碰」，個槍聲響了。

三

泥城橋橋旁，有西洋兵駐守着。這塊橋現在是一個奇怪的區域的中心點。橋南有繁華的街道，有電影院，百貨商場，也有難民收容所，甚至還有跳舞場。橋北，有兩座大廈，一是大陸銀行的堆棧，一是四行儲蓄會的堆棧，裏面是八百多個中國士兵，再北約二三十米達又有一座大廈，是上海銀行的堆棧，現在給侵略者的日本軍所佔領了，現在這橋塊，是非常奇怪了。牠是在不同命運方式的中央，一堵更奇怪的鐵門又在橋中央關住，只有上海有這樣的事。

「What heroism, what grllantry！」從鉄門的邊上，四五個英國駐軍走回了橋南，有一個這樣驚叫。他們在半小時前就見中國兵出入這一帶，後來，日本兵也來了。這使他們非常的驚異，並且本能的感到不安。立刻他們發現，在上海銀行堆棧上發現了日本兵，不久，他們又見到四行的堆棧裏，中國兵把沙包和別的防禦工程一一設置了。他們懂得這是什麼囘事了。立刻他們激發出無限的同情心來，他們過了橋想去勸說這一羣受了包圍的華軍，從租界上撤囘。可是他們聽到了客氣的，感謝的，可是堅决的拒絕。說到叫他們把槍繳下，通過租界，中國不聽完話就笑笑，搖搖頭。

五分鐘後，還一羣英國駐軍决定了再進去勸說。

他們在堆棧的底下一層，一間小屋子裏見到楊瑞符營長。

「我們很感動，不過我們務必勸你們離開這裏。」

死也只可以讓我們的靈魂離開，不能讓我們的屍體離開，啊，不，我們的靈魂是死了也不離這裏的，相信我的話，這不是我隨便亂說的。不相信，這可以立刻由事實來證明。」

「可是我們不能揮淚囘橋南眼睜睜看你們死。」

「我們也不能揮淚囘橋南眼睜睜看國土損失。」

「不要把我們的話來答復我們。囘橋南，這不是什麼不光榮。這不算是戰敗。這不過是一個不幸。」

「哈」，管長笑了一聲，「別怪我又用你們的話來答復你們。不囘橋南，並不爲了光榮，不囘橋南，也不爲要打勝仗。我們死在這裏，也說不上不幸。不過，我們眞感激你們，我們在死以前，有機會接受你們的好意，受到你們的友誼的勸告，我們用什麼話來感激你。」

於是他伸出手，一一和英兵握手。最後的一個英兵拒絕了，他說：「我現在不能跟你們握過手就囘南橋，讓我們握着手一同囘橋南。」

營長樸過去握住他的手，說，「別使我們難過，我感謝你們，你們過橋去吧我更感謝。」他的聲音，因了人與人之間的眞實的情感而抖動了。

第三次，英國駐兵在四行倉棧的階沿，看到正在措揮着什麼的謝團附，謝團

24

附是另一副風格。他的話極嚴重，比較起楊營長的富於情緒的心來，他的心是鐵製的。沒有說了幾句，謝團附就下了結論。

「沒有什麼話可說。我很忙，不能陪你們說話，對不起，鬼子已架好了槍，不能送你們一段路了。」

夕陽西下的時候，英兵又攜帶了他們的同情，他們的慰勞品，過了橋，過橋的時候，日本兵警告似的射擊了一排槍，可是他們安然到了華軍的守地。」

「能不能讓我們來歡迎你們退囘橋南去，營長？」

「你們來一次，我們心裏難過一次，——這些是送給我們的嗎？啊，可惜我們不能受下。眞的，我們慚愧於你們的幫助，我們僅僅爲祖國盡應盡一些責任。

營長沒有說完，一個含笑看着他們的青年士兵用英文又進來了：「You people fuss around us like grandma arranges a wedding. eh」！

25

幾個英國兵苦笑了，後來有一個說，「我是人，你也是人，我們都是人，請你們此刻接受我們的好意，避免這樣無謂的犧牲；戰爭有整個的計劃，你們的血應該流得更智慧一些；與其你們留守，不如你們從新防線反攻。」

「不必如此，這邊我們可以支持七天，到那時候，我們的伙伴一定反攻囘來了。」

「可是敵人在你們的伙伴反攻囘來之前，一陣子 Storm 就覆滅了你們呢？現在你們的敵人的實力十倍你們、百倍你們……」

那個青年士兵說了「你們是知道波斯王攻希臘，三百斯巴達戰士殉難的故事的。波斯使者說導克塞斯的大軍的箭可以掩蔽日光，斯巴達王遼尼達斯說得更好，日光蔭下來，打仗也風涼，我們中國歷史上這樣的事更多。歷史使這種行爲成爲中國民族的民族心理了。敵人十倍，百倍，算什麽？」

青年士兵敍說了古代的壯烈故事後，就愉快地笑了。

就在這時候，一個沒有穿武裝的苦力樣的人扛着沙包走過，營長看見這苦力，叫住了他，說「你還在這裏嗎」？

苦力囘答說：「自然在這裏」

營長告訴那幾個英國駐兵說，這個苦力，幾十天來在戰區裏替他們打雜，這次他好像也不願走的樣子。於是他又向苦力說：「我想你現在跟他們囘橋南去吧，這裏沒有別的事，用得着你了。」

「這話算什麼意思」？苦力也不走，「這裏正有很多事用得着我做。」

苦力也不走，雖然衆口一辭，都是勸他離開的話，英國駐兵，最後，只有嘆息的開了兩輛空車囘過了橋。就在這時候，第一聲槍聲響了。

四

第一聲槍響了。這巳打碎了四行堆棧的一面玻璃窗。而從這破玻璃裏，也回擊出輕快的一槍來。同時，機關槍便從四行堆棧向日本兵那裏射擊過去。在這一長串子彈底下，正向四行堆棧的階沿衝鋒的日本士兵一個個倒下來，秋夜的風把落葉括倒屍體的四週；可是落葉對於這幾個侵略者屍體，也投以憎惡的一眼，而飛到另外的地方，飛到那火的大海上自殉了。

五

西洋駐軍第五次走進四行堆棧時，他們是決意要完成他們的「做一個人」的責任的。他們中有幾個曾經參加過歐洲大戰，可是這樣驚天動地地的事跡，他們還沒有見過。他們的心上都覺得，如果這一營孤軍不能勸說過來，如果他們不能勸說得他們撤退，那他們的心是永遠要受傷一樣的苦痛的了。可是他們得到的回答是什麼呢？

「我們的行爲簡單說起來，是討賬的行爲」。

「對啊，國土，生命，這一切都是有代價的，閘北有閘北的代價；死在閘北之守的伙伴也有他們的代價，日本鬼子不付代價，我們這些要賬的人，平日國家養我們是幹麼的？」

謝團附聽見外國兵又來了，從六樓下來。

「我知道你們還會來，很感謝你們的好意」。

「團附，全界世都懂得正義，但也都懂得人道。你們別傷了人類的心，更不應該傷你們的同胞的心，全世界都知道貴國的長期抗戰，爲了最後的勝利，你們不應該把重於泰山的身體，這樣輕輕一擲。團附，你下一個命令，說一兩個字，保全了這幾百個士兵的實力吧。我懂得貴國的地位，我們希望我們的話，團附能接受。」

29

「各位的熱情，我眞感激」，團附說了，「可是我想你們還是現在回防吧。只有你們剛才見到的苦力，我想他並沒有留在這裏的必要，已命令他跟你們回去。只有他一個人跟你回去。你們的話很對，可是我們的行爲更對。日本如果在這種情形下，也許會向你們磕頭，把槍械送上，要想留一命的，可是我們誰也不想這樣做」。30

當西洋駐兵帶了那苦力回橋南以後，團附嚴厲地說：

「我們是孤軍，我們是一意孤行的。」

他沒有向了誰說這句話，他自己也不明白他爲什麼這末冷靜地說了一句，於是他走開，走上屋頂。

逆着大火，他挺胸而立。這是一座銅鐵的塑像，每一分一寸都是力的表現。

他深深呼吸了一下冷空氣，回頭見到營長。他們肯定而有把握地向西邊的上海銀行堆棧上的日本兵，輕蔑地一望。

六

「你聽到了閘北的六百個兵嗎？」

「不是六百，是八百，外國報說一百五十左右。他們不肯出來。」

「我難過極了。你得想法子。」

「我，我有什麼法子，可是眞的，大家都在想法子。你一個女孩子這末急，你哭什麼，我聽到這消息，我也心裏——你別哭。」

「我怎末能不哭。他們爲國家，我哭雖然沒有道理，可是我忍不住不哭。你給他們想法子」。

「我，自然。」於是那沒有哭的，也哭了。

哭聲傳來傳去。

閘北的火燃得旺極了。在一個小房子裏，這時另外有一個兵躲着。他也是不願撤退的一個兵，不過他不屬於八十八師。當他的一營兵在撤退的時候，他裝着小解，就溜在一座小房子裏。於是他像猴兒一樣的靈活的，蜷伏在二樓的一間屋子的角隅。走過一個兩個日本兵，他就準確地瞄準他們，放一槍兩槍。他很小心，大羣日本兵走過，他就放下鎗，專揀單身的。三個以上也不放鎗，他有把握一次打死兩個鬼子。一晚上，他的子彈沒有虛發的。他靈活的從一個屋子換到另一頂屋子。這一個人的孤軍，向日本兵索取了很多代價，可是他的最後誰也不知道，大約是葬身火窟了吧。但是這樣的插曲似的零碎孤軍，不勝紀載的多。這是說：在閘北一帶還到處有那樣的孤軍，在向日本兵索取代價。

「閘北一帶，像我們一樣的兄弟很多吧」，營長手指了大火向團附說。

「別說這些話，我們談這裏的防禦。我想這房子跟蘇州河南的租界只是一水之隔，離那面日本兵才二三十步，離煤氣公司的大煤氣爐又是很近。日本飛機如果低飛，我們可以打，飛高了，他也不敢亂投炸彈」。

「我也想到這一點。團長，他們毫沒有法子可以克服我們的。炮打，這屋子堅固不怕。燃燒彈，我們有救火的東西。房子基礎打得深，不怕他們掘地道。毒瓦斯，弟兄們有面具。食糧，總有辦法給我們運過來。我們正好顯些顏色給鬼子看看」。

底下機關槍聲又大作了。

「命令弟兄們把頂上三層，壘好沙包，讓飛機炸彈來吧！」

七

彷彿置身於銅牆鐵壁之間，一個個都是鋼鐵黃銅經過了百鍊鑄成的塑像。他們舉止緩慢，但是都很沉着。撲到窗子上要用瞄準的時候，緩慢沉着之中却都有着一個最大的迅疾。他們連眉毛也不肯動一動，可是有深思的眼睛。他們沒有溫柔的感情，却血都沸了。他們像遲鈍得連懷鄉病，那個美麗的懷鄉病都沒有似的，可是他們的愛國精神令人肅然生敬。只有一個例外，一個人忽然說起笑話來了。

「你給你老婆的遺囑上少寫些肉麻吧，老王，我他媽的，就是我，這一營裏我頂笨，不識字，筆桿兒比槍桿兒還重。老王，你寫完了給你老婆的信，給我老婆也寫一封。要寫得美」。

老王望了望他，唔的一聲。

「他媽的」，他忽然叫起來，「殺鬼子」，哐嚓的把槍上了些子彈，就走到窗子上。

「碰」，一方玻璃碎了。日本兵是，在玻璃上見到一個影子，就要槍一槍的。他差一點給打中，氣得舉槍就望窗外向外射了三下。一個排長跳過來拉住他，說他不應該浪費子彈。說他不應該毛性子隨便的冒險。

「可是，死了一個鬼子呢」。他得意的叫。

「三粒子彈應該打死三個鬼子，聽見沒有；」排長覺得他太鬧事了。

「是」。

有一個青年士兵正在讀他自己寫的信，現在我們就在這裏留守了；死是一定要死的，不過我要一個機會，死我一個時，換日本兵廿幾條命。妻：別再想我回來，也別想我一個全屍。孩子還小，這是我的懸念。不過我你都受過高等教育，我幸而不必担憂你以後的生活，是我剪斷我自己的生命的線，你收起你的淚珠。永別了。

有一個士兵也在讀他自己剛寫完的信。「人生於世，不免一死。死得光榮，才是英雄本色。今日東洋飛機來了多時，弟弟，我不免一死，你善孝父母」，他覺得這是他畢生最難寫的一篇文章，「兄甚感激，死爲國家……」他想修改幾個字可是又不知道怎樣修改，「另附遺囑……」

當他們聚攏了這些信，用繩子紮了好幾大紮，那時，天色又快要昏黃了。一個英國駐兵在橋南正躑躅不已，他們向他招手，他過來。於是把信從窗子裏投了出去。英國駐兵去拾取了。他看到這是幾百封信。虞洽卿路上，車輛飛駛，步行者行經而竚立着的人是多極了。啊喲，把遺囑都送出來了，一個敏感的人叫喊。這話像水波上的圈兒，一圈一圈的漲大。死得眞勇敢。死得光榮。有人捐他們東西吃沒有，童子軍？什麽，遺囑都送出來了。不行，總該救出他們來。有人把國旗送進去了呢，童子軍說的。國旗，靑天白日滿地紅。正在黃昏中間，一個女童子軍向那邊走了去，不知道是什麽偉大的力量，在把她引導，她欣然把國旗放在她胸上，機警地走了進去。不久，在四行堆棧上面，國旗飄揚了。一個女性完成的使命。

「團附，這面國旗可不是小了一些。」

「嘿嘿，你出去告訴市商會裏，把上海最大的一面國旗去拿來，我一定把她高高的昇在天空」。

「一定的，可是，團附，民衆異關懷你們，民衆都爲你們流淚，你們爲什麼不肯退去」？

「不退出就是爲了幹他們。」他的手指着敵人那兒。

那個女童子軍回來時，她差一些給日本兵發現，不過時候已經是晚上，黑夜在保護她。

八

晚上一到，猛烈的攻佔又開始了。

四行堆棧的外面，有一個靠河岸的小房子，也是水泥做的，很堅固。華軍有一排人，在裏面隱躲着。

攻擊開始時，上行堆棧的階沿上彎下身子的出來了十幾個日本兵。可憐的東西，螞蟻樣的，幾十發機關槍一掃射就會完結的。可憐？誰可憐他們，又十幾個來了。他們快步跑到預先排好的沙袋那兒。華軍的一排人不做聲，只動作遲笨地瞄準好。又十幾個日本兵隱隱約約出來了，正在這時候，他們的衝的命令下來，四五十人分了三班，向四行堆棧飛快的前進。這裏的排長也同時發了射的命令。五架機關槍同時響了。衝鋒的人沒有跑上三四步路，一個個倒下地。四行堆棧裏面的兵，連目標也來不及找到，全數死了。四五十條性命，只十幾秒鐘。這叫做索取代價了。於是典型的日本作風。奢華的跳出來了幾條狗，吃日本勞苦大衆的脂肪和血汗養得這樣豐滿的狗，狂奔到日本兵的屍體旁，銜住他的衣角便囘去。可是來時狂奔得飛快，囘去時牠們也不能快了。典型的日本作風，宜於一個漫畫家的題材。那些矮脚的東西，拖着矮脚的東西。

槍聲響了三下，三條警犬死了。其餘的警犬沒命的逃。

不久後，猛烈的機關槍，手溜彈，向了小屋進攻。小屋顯然要支持不住了。彈雨還不怕什麼，再來幾個手溜彈就要糟了。排長下令。臥倒，暫不回擊，準備退回大廈。

一個士兵說完了，「排長，早是一個死，晚是一個死，一樣，我們既然來到是要死守，是要找死，那末，我們乘他們一個不防，衝進他們的房子。不，衝進不衝進不要管，就是衝！」

另一個士兵叫起來，好的，好的。又一個手溜彈，小屋震動一下。

一個沉着的聲音起來。「我不贊成。我不贊成我們殺了這幾十個鬼子就滿足。討賬要討得乾淨。我不是怕死，我們誰來了這裏是怕死的。要死得有價值才這樣做的啊。退回去，說不定我份下還派得到一百個鬼子呢？衝鋒嗎？一個也殺不掉他們，我們的性命換給他們借了去。他們欠我們的債太多了，前賬未淸，免開尊口，對不對，排長」？

在機關槍停下，手溜彈也不投下來的時候，他們迅速的退回了四行堆棧。不久後，日本的機關槍又向了這現在已空空的小屋掃射。半天沒動靜，於是沿習了他們一貫的故技，對這小屋加以重大的壓迫，浪費了許子子彈後，才有了衝鋒。這次他們一個人不損失地佔領了小屋。可是那裏得光榮的勝利？他們才在小屋裏站穩了脚，吐出一口氣，四行的窗子裏便投擲了無數的手溜彈出來，一個大爆炸，經過日本兵的重大壓迫之後，這小屋子分早已站不穩，於是牠粉碎了，日本兵呢，血肉的東西比一個小屋更容易粉碎。

九

那天下午，華軍有一個士兵，作了壯烈的犧牲。他瞧見近四行堆棧的地方有一大隊武裝的日本兵，因爲愛惜子彈，華軍沒有立刻予以射擊。那士兵的身子上有七八個手溜彈，把這些手溜彈拉開保險，他從六層樓的屋頂一躍下。他一個犧牲，換了二十幾個日本兵的性命。華軍自退入四行堆棧以來四天，傷的人雖然多，死的却還是他第一個。這個犧牲感動了他的伙伴，有十多個人立刻在爆炸聲的餘音中作出乎意外的衝鋒。他們衝進了上海銀行堆棧的階沿。他們沒有回來，但上行堆棧裏又起了一個極大的爆炸聲。

這是最後一個晚上，團附和營長正召集了弟兄開會。他們有訓話。

這是團附的話，「不管了，我們一條命換敵人十條命，那也應該說一聲夠上本了。今天那十幾位弟兄成績不差，我們記得他們。我要你們記得，我們一條命是要換敵人十條二十條命的」。

這是營長的話：「兄弟們，患難中的兄弟們，大家在共生死，本不分什麼營長，小兵，不過我還是吩咐你們一聲，我感到今天晚上，是很重要的一個晚上，今天我已經看到了敵方的砲口，晚上想有重大的轟聲。所以，大家記得，我們在這裏的任務。今天晚上，大家要小心。民衆這樣關切我們，我們更應該努力」。

正在營長訓話時候，一個密令送了過來。是最高當局的密令。團附看了，呆住了，立刻營長的話也停下了。在一瞬之間，空氣從熱烈變到了靜寂。

「密令叫我們今天晚上退出」。

弟兄們一個個發言了。

「爲什麼？」

「不行，這太奇怪了，我不相信這個命令」。

「我不退出」。

「誰肯退出就退出，不肯退出就不必退出」。

「對的，退的人到左邊來，不退的人不動」。

一個也不動。偉大的靜默開始了。最後營長才站立起來，說話，「很好，我們都是民國的好軍人。我們如果不退，跟我們自己今夜全部都犧牲就是，這事——還得我們想一兩分鐘再決定」。

團附說話了，「密令——你們不管密令嗎？現在是我們決定一切的當口，時間很寶貴，廢話要少說。大家要服從我的話，我與楊營長此刻要商量一下。你們等着。

他們退到另一間屋子裏，後來他們出來了，團附說起話來，含着一泡眼淚。

「弟兄們，我們決定撤退，遵照命令」。

營長插上來•「不過，我們還允許在撤退時，讓你們痛快的殺鬼子」。

在偉大的靜默中，機關槍，砲聲來了。在砲火中，一切步驟都是有程序的準備了，同時戰鬪激烈進行。砲火一分一秒便變得更猛裂，團附，營長都受了傷。在階沿外，撤退正式開始了。最後幾個扼守要點的士兵，也得撤退了。

「トトトト」

於是最後的一顆槍子，飛出來；這自然也打死了一個敵人。

××路上，民衆翹首等候他們出來。他們來了，歡呼聲中，洪流樣的聲音呼喊「中華民國萬歲」的口號。他們舉起鋼盔，揮舞作答。

「然而團附，退是羞辱的」，一個士兵叫。

「靜一些，這不是羞辱，讓我們自己對自己抱有大希望，我們要深明大義」。

「是團附的話，團附的話很對。不要一個小時，我們不又在前線了嗎？團附，一定答應我們立刻要送我們上前線的，就坐這輛去」。

營長高興起來，「越快越好不是」？

團附點點頭，「要不了一小時」，他說，「我讓我們現在冒煙的槍口再射擊敵人，我答應你們」。

「團附答應我們了」。

一車子有些垂頭喪氣的壯士，像小孩子一樣的，他們的潔白的心裏又興奮起來。四十分鐘之後，除了受傷的，他們都發現自已有了射擊的目標，在新防線上，砲火中，而他們發現自己有了聯絡，像猛虎出了柙，這形容還不夠，說得更明白一些，是他們本來預備一條命換十條敵人的命的，現在十條命決不夠，十條日本鬼子的命，也決不止，決不止，決不止，決不止，決不止，……　（完）

八百勇士

艾蕪

泥水匠朱阿大跟煤打公司老板，打了招呼之後，毫不像先前一樣，還要坐一會，吃一枝煙，却馬上就問道：

『你要補那裏的牆』？

『就共門口哪！你沒有看見嗎？……眞是老醉鬼』！公司老板憑着熟人的資格，開他點玩笑，還一面逼近他一步，聳聳鼻管，說道：『我敢打賭，你是剛從酒館里出來的』。

朱阿大往常聽見這些話，只是拉開大嘴巴笑，這次却忿忿地罵道：

『見他的鬼！自從一打仗起，誰還有銅鈿進酒館』？

一面拿眼睛掃一掃，前面牆門的磚牆，倒蹋了，破破爛爛的，散了一地。白木的單扇板門，有點歪斜，幸好門枋正給一根木棍襯着，所以還不至於倒下。朱阿大走過去，取開幾塊磚，看一看牆脚，自言自語地說道：

「怪了！這又不是地基鬆呲」。

老板尾在後面，譏笑似的說道：

「說你是老醉鬼，你還不認賬……哼！這是流彈打的，你都認不出來麼？……告訴你，只消再過去一點兒，嚇嚇，我那老司務剛好完了，……你看，他就站在這裏哪」！

老板一面還把插在絨線衣袋裏的雙手，伸了出來，比給他看。

朱阿大抬過頭來，吃驚地睜大着雙睛，看一看他指的地方，又看一看竹籬笆邊着蘇州河邊，不禁打了個寒顫，隨卽一言不發地，拍一拍粘污的手，抓着剛才丟在地上的泥賺泥刷之類，便朝門外走去。因爲剛才從新閘路走進北興里時，覺得是在一步步地走沿蘇州河。就捏着一把汗，很是提心吊膽了。

煤住公司老板就叫起來。

『喂，你幹嗎的？……怎麽沒頭沒腦地就走』？

朱阿大就邊走邊搖手道：

『賺錢小事。……我這條老命，還得留一下』！

煤炭公司老板不容分說，便走上前去抓住他，拉住他道：

『不行。這必得要幫我點忙！……你怕什麽，我在這里住了兩個多月，針尖子那們大的皮，都沒闖掉過。……不要掙，你走不脫的。你可以做馬虎一點，快點完工！……媽的，工錢之外，另加酒錢四毛，好不好？……你不幹，就滚你的，我多加點酒錢，這麽大的上海，還愁找不着人』！

最後，不但拖住了他，還把他一下掀開了，泥刀泥掌子，便丁丁當當地，落在地上去。他聽見酒錢一下子就添那麼多，不禁吞嚥一下唾沫，因此，檢起泥刀之後，還不卽走，只騰出一隻手來，搔搔舊毡帽下的腦袋。

煤炭公司老板便進一步說道：

「我老實告訴你，流彈通共才落過一次，那會恰巧就臨到你的頭上，再說，單你要命，難道我就不要？好糊塗的傢伙」！

朱阿大仰起頭，想了一想，答允了，就動手做起來。但要安穩門的時候，從北興里彎過來的人，都絡絡續續闖進來了，擠得他不能做事。因爲這家公司堆煤炭的地方，正臨近蘇州河，站在煤炭堆上，便能把河對面看得一清二白的。朱阿大便對走過的人大嚷起來：

「什麼看頭？人家打仗」！

來的人，是各色各樣的。其中還有高鼻樑的外國人。他們都只顧擠開他，直朝煤炭堆上走去，不管他的嚷叫。並且煤炭公司的老板，還在攔截他們，一面大聲威嚇道：

「各位，謹防流彈哪，今天就落過幾十次，剛才還有個外國人，……看嘛，就傷在這個地方……」

不住地口講指劃，揑造出許多可怕的言語。但人們也不聽他的話，還只是尋找可以攀登的地方，爬上煤炭堆去，蹺起足尖，伸長頸子，直向對河瞧望。朱阿大拿泥刀向牆上砍了一下，氣忿忿罵道：

「發了瘋了」！

一面向門外擁進來的人，鼓起眼睛叫道：

「你們來白相什麼？……人家要做生活哪」！

接着就把遍身粘泥的身子，塞在門口，一邊緊繃着臉，直做他的事情：將挨近木枋的磚塊塞緊。

這時，立在門外的幾個童子軍，因爲塊頭小，就簡直沒法擠進來，便向他說好話，還口口聲聲，稱他『阿叔』。他不理他們，也不看他們，只幹他的生活，心裏却一面想道：

『這些做爸做媽的，太不理事了！這麽兵荒馬亂的，還讓小人儘在外面亂跑』。

辟里巴那——蘇州河對面突然響了一排槍，煤炭堆上站着觀望的人們，雖然立卽奔跑了下來，但馬上隨着槍聲的停息，又止着足步，並不跑出門外去。朱阿大到大大嚇了一跳，手里的磚塊，也跌落下地來。他看看門內的衆人，都沒有跑，他才又定下心，把磚塊檢了起來。打算把工作快點結束。這個當兒，站在門外的童子軍，又來擠他，要趁此機會，跑進來瞧鬧熱，他就拉住他們嚷道：

「你們沒有耳朵麼？這里剛才還打呀！快走開，……不要躭擱我！」說畢，又急急忙忙地動手起來。

童子軍等得發慌了，就和隨後走來的人，一面拚命地擠，一面責備朱阿大地吵道：

「人家八九百中國兵，到這步田地了，都不怕，我們還怕什麼」？一下子便把朱阿大衝開，擠進來了。朱阿大手里剛要合好的磚，又突地滾下地去。

煤炭公司老板就向朱阿大喊道：

「快把門關上……我的天，人家要朝這面開槍的」！

同時，也跑了過來，幫同朱阿大把門關上，但因一時尚未安好，就不得不盡兩人之力，將牠死死掀着，以免外面的人，將門擠開。

朱阿大很生氣地問道：

『這批該死的傢伙，……他們到底在看些啥呀』？

這位煤炭公司的老板，因爲怕敵人放硫磺彈過來，燒了他們煤炭堆棧，將他整個的財產葬送，就氣狠狠說道；

「就是那八百個該死的兵哪，昨天就該退的，他們偏不退，今早把守橋的英國兵勸他們過河來，他們又不肯，說是他們寧願死在閘北。……眞是倒楣，四行倉庫，再隔遠點也好嘛，偏偏對着這里……你們爲啥要進來？搶人麼？……呵，巡捕」！

最後，他的手腕，都覩酸了，急得大嚷起來。

朱阿大很有一把氣力到不管門外的，只是驚異地問道！

「你說是眞的嗎？當眞的八百人」？

老板放鬆開手；揩揩額上的冷汗，氣喘喘地答道；

「哪個舅子才哄你！要不是八百人敢同幾萬東洋兵打，全上海人哪會有這麼一大股勁兒……老傢伙，我告訴你，昨天下午連英國兵都誇獎他們，還買百多塊錢的麵包去送禮呢？這里家家人戶都送，我也挖一回腰包」。

朱阿大就睜大眼睛說道：

「呵！這樣的嗎？……我活了幾十歲……」不知不覺地就鬆開了手，門外像蜂子似的擁進人來。

「唼，你糊塗了嗎？怎麼不攔住？……各位，不要亂闖呀，這是私人地方」！

煤炭老板一面慌忙攔人，一面向朱阿大呼喝。

朱阿大却急急忙忙向煤炭堆走去。老板便朝他喊道；

「你也去闖死麼？老醉鬼」！

朱阿大却沒聽見，只在人衆里，趁先爬上煤炭堆。

這時，蘇州河對面，高高立着的四行倉庫上頭。正有一個中國兵，把國旗升了起來；在風中不住地飄蕩。

朱阿大看見大家都一齊把帽揭下。他也不知不覺地拿開他腦袋上的舊毡帽。

八百英雄

趙景深

黑煙滾滾沖雲霄，閘北四處大火燒。火鴉亂舞飛天際，一片大地盡枯焦。我軍雖已退出閘北地，烈燄之中還留有守土衆英豪。這就是謝晉元一團八百個，寧死不退要與日寇見低高。八百英雄據守在四行堆棧內，面前是蘇州河水滾滔滔。隔河便是租界地，英兵把守在垃圾橋。這堆棧三面牆壁對河一面是窗戶，水泥鋼骨守得牢。日本旗遍地插滿像是賣膏藥，又好似插標賣首隨風搖。這其中昂然獨立我旗號，四行屋頂青天白日旗幟扯得高。對河百姓行經此地齊脫帽，大家都一心敬仰衆軍曹。英國兵眼見謝團處絕境，三面盡是日軍包。不由地激起同情齊勸勉，要我軍進入租界把軍械交。謝團說：「貴軍好意我豈不知曉，須知道守土有責誰也不願逃。剩一兵一卒誓爲中華民族求生路，餘一槍一彈也要與倭寇戰一遭。」英國兵幾次三番勸告全無用，八百個英雄依舊要把兵交。孤堡內只有靑豆不堪飽，臨危不懼衆軍依舊樂陶陶。在胸前佩上徽章決死隊，一心要把倭奴梟。以死報國早已志立好，紛紛的修寫家書訴根苗。有的寫給高堂有的給妻小，數名兵士持信一束潛出貨棧匍匐河濱把信拋。但願拾信的仁人君子把信寄，一生永感德大高。

廿七正午敵軍大舉向堆棧進，滾滾而來勢如潮。我軍忙把機關槍來放，手溜彈也對準敵軍拋。敵軍被擊斃七十幾，只嚇得胆落又魂消。激戰三時敵軍退，從此就不敢正眼視我曹。

廿八淸晨敵軍在河畔打旗語，急忙把他部隊邀。我軍中一兵瞥見拚一死，手溜長彈縛滿腰。突由六樓往下躍，一陣靑烟敵我一同赴陰曹。不久另有十餘敵軍來進犯，步槍聲音響得高。我軍忙用機關槍來掃，斃敵數人，餘寇嚇得狠狠逃。隔壁錢業倉庫敵兵也把槍來放，我軍置之不理瞧也不去瞧。敵軍三次來犯又敗走，我軍在窗口用手招。敵軍一見逃得更加快，只恨爺娘少生腿兩條。隔河英兵哈哈笑，原來日軍盡草包。

廿九清晨敵機到，要想投彈把貨棧燒。我軍連把高射機槍放，敵機急忙向東逃。十餘敵人又手中持利斧，要想把巨廈大門撬。扼守窗檽的壯士知道了，使勁把手溜彈來拋。四五敵兵應聲倒，餘兵覩狀倉惶逃。這一日四次進攻全無用，不能動我半分毫：前兩次是在上午天未曉，敵軍十餘沿牆跑。使下一條火攻計，要想在牆角用火油澆。我軍假裝不知道，日兵胆怯伏地而進活像老鼠怕貍貓。看看逼近我軍就大量寬宏請吃手溜彈，日兵忙退不敢再領這頓好菜肴。第三次汽艇兩艘走水路，滿着機關槍手溜彈開進蘇州河一條。看看走進四行了，英兵不許牠過橋。日軍曉曉不休定要進，交涉了兩個鐘點汽輪只好往回跑。英兵不許牠也沒法想，牠只好氣在心頭怒在眉梢。汽艇退後步兵又來到，六十餘人氣燄囂。我軍沉著來應戰，彈如雨下打得日兵沒命逃。遺屍遍地不敢來收殮。只叫那警犬幾頭拖屍跑。第四次敵軍十餘再來打，被殺四五就此不敢把戰挑。

三十日敵兵不敢在正面打，改換策略背後抄。槍彈穿在牆壁上，一個個小洞白替我軍來效勞。我軍就在這洞口架上槍和砲，再與敵兵戰一遭。夜半敵軍又猛放平射砲，每抄一發，隆隆之聲達四郊。直等到蔣委員長發令謝團退，他們纔揮淚退到新戰壕。

我孤軍連守四日又四夜，全世界都稱讚他們氣勢淩雲高。八百英雄齊呼民國萬萬歲，寧守孤壘不屈撓，青史永把英名標。

谢晋元日记钞

。謝故團長晉元遺象。

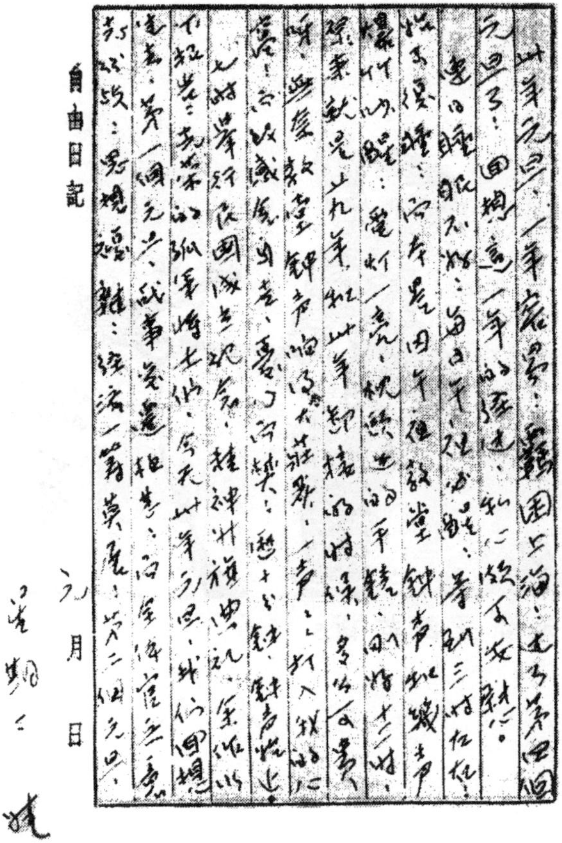

廿八年元旦，一年容易，蟄困上海，忽又第四個
元旦了！回想這一年的經過，私心殊不安。
這日睡眠不好，每日午夜必醒，要到三時左右，
始再復睡。今年是因午夜教堂鐘聲和爆竹聲
爆竹吵醒；電燈一亮，枕邊的手錶，正指十二時，
除舊就是廿九年和廿八年都接的時候，多少的感
呼，無奈教堂鐘聲响得太莊嚴，一聲聲打入我的心
窩！我該識看出來，喜了的樂聲，過十分鐘，鐘聲始止。
七時半舉行民國成立紀念，懸掛神聖旗與歌，全體以
不能甚全之光榮的孤軍將士們，今天廿八年元旦，我們回想
遠甚。第一個元旦，戰事發生，相甚之，兩者傷亡之
差，不能說。經濟一籌莫展，六十二個元旦，

自由日記

元月 日

星期 日 晴

序

昔東漢末造，士大夫崇尚氣節，主持淸議，剛正不阿，致攖宦豎之怒，駢首就戮而不辭，忠義之氣，靡然成風；其影響所被，卒使將墮之漢緒，緜延若干時日，雖以曹孟德之奸雄，猶不敢公然篡奪，窺竊神器：論者以爲美談。而遠溯其由，咸歸功於光武帝之禮遇嚴子陵，以爲屈萬乘之尊，就草茅之士，使天下人知上之所好，而有漢一代之風尚，卽於此樹其基焉。蓋立國之初，凡所措施，固足以繫億兆人之觀瞻，定千百年之命運也。謝晉元團長，於民國二十六年倭寇犯我上海時，率四百健兒，堅守四行倉庫，彈盡援絕，猶飲血作殊死鬥。繼因我大軍西撤，奉命退駐租界，建孤軍營於膠州路公園，部勒麾下，一如戰時，暇則課以操作，售其所得，以供餉糈。其志氣之忠勇，生活之艱苦，卽外邦人士，亦無不嘖嘖稱道。而滬市羣衆，尤衷心仰慕，慰問者絡繹於道，亙三年不絕；其入人之深，蓋有如此者。二十八年春，余秉命來滬，陰結愛國志士，以爲抗戰之助；遂與晉元識。與之論世界大勢及救國之方，侃侃而談，切中時弊，益欽其爲人。此後兩載中，我方凡有所爲，晉元無不竭誠相助，奮勇效命，獲其利賴者實多。乃三十年夏，奸人陰購其部下叛卒四人，作犯上之謀，晉元竟於營中遇害，時年三十有七，事後於其臥室中，得生前所爲日記三册，備載比年來困居孤軍營之生活，愛國之情，充溢於字裏行間；而其馭下以明，律己以嚴，尤堪爲軍人模範。片羽吉光，彌足珍貴！當時因寇氛熾張，未敢公之於世。今驕敵納降，光明重見，此乃民族中興之會，砥礪氣節，立懦廉頑，以樹千萬年立國之基，實不容緩。正言出版社乃將晉元所爲日記，付諸剞劂，印行於世。蓋所以厲末俗，彰義烈，殊有功於名敎。而余撫茲遺編，感念疇昔，尤不能無愀然以涕也！抑又有進者：古來表彰志士，常出於在上者之所爲，故其收效，僅及於士大夫而止，而人民不與焉。植根未固，其發榮滋長也難。今晉元則全國之人，無論識與不識，罔不備致推崇，聞其風而思有以自奮。而宣揚義烈之舉，乃普及於齊民，此與古迥然不侔者。行見此書一出，忠義之操，將深植人心，爲全民族轉移風氣之始，則周雖舊邦，其命維新，我國家或可躋於列強之林而無愧矣乎！因樂爲之序。

吳紹澍三十四年十月

謝晉元日記鈔

這本日記，由商務印書館顧祖蔭君最近送來，故由本日起，改在此本寫日記。以往的在另一本英文練習簿上，且儘它放置再說。

二十七年三月十六日　星期四　晴

晨查視各連寢室，官長多有未能按時起床，早操士兵到操人數，僅三分之一強，殊非辦法。八時點名後，當集合隊伍訓話：（一）軍隊運動，以排球較爲適合，籃球足球等，比較困難，因排球設備方便容易辦理，今後冀儘量提倡排球。由明日起，九時至十時爲官長練習時間，十時至十一時爲營值星之連開始練習，每隔一小時，調換一連。（二）早晨不派整理內務士兵，一律僅派清潔伕二名，按日輪流。（三）營值星早晨吹笛子，其位置應在耶穌堂附近，較爲適宜。起床後應即開窗戶，以通空氣。（四）打籃球仍應出操，規定晨六時至七時。營值星連不出早操，餘一律參加。因運動係業餘，學術科才是正課。（五）查有二連尙用熱水洗面，在寢室附近洗後，將水灑於寢室附近，潮濕不堪；洗面一律在廚房附近，以重衛生。（六）信耶穌者，應將眼光放大。吾人信教，爲陶鍊自己心性，堅強爲國家社會服務精神，並非只求個人做善事，求得靈魂得救而已也。（七）給養由本年元月份起，有按階級發放消息，似此上等兵以下，即有困難。訓話三十分畢。十時朱同志偕張同志來，商量營內今後如何推進黨務與教育工作，商定由余正式具函，十一時辭去。午睡一小時，下午繼續運動。六時工部局教育處派人放映教育影片。夜眠多夢。

正午十二時許，由許君送到下半月給養貳千貳百伍拾元，晚即分發各連矣。

三月十七日　星期五　晴

五時二十分起床，上午開始練習籃球投籃，排球足球均作練習。午睡一小時，二時南通中學與通中學生百餘人來參觀，並表演話劇。三時持志附中籃球隊來作友誼賽，結果三〇比二三勝。其時有大陸報記者洪某求見，以給養狀況相詢，當以內部生活及日常功課，經濟狀況，大略相告。四時南通與通州學生，要求訓話。勉以現代青年，應本國民立場，不辱人格，以個人有限之生命，貢獻給國家，建設無限偉大的新生命。要以國家至上，民族至上主義，摒棄個人苟且偷安惡習。只有國家民族之利害，而無個人利害；只有團體之自由，而無個人之自由。抗戰二十個月，依孫子兵法，知己知彼，一方面要了解自己短處去改進，一方面尤要了解自己的長處，始能堅強自己的必勝的信念。以對方來說，敵人方面的長處，我們當不能一筆抹煞；而其短處也應該曉得。國際情勢，日益有利於我國，生死存亡，在乎自我。能奮鬥，能犧牲，即能生存，捨乎此則亡。所謂自力更生，自助人助之謂也。一小時詞畢，有該二校代表二人來見，談話半小時辭去，夜眠多夢。

三月十九日　星期日　晴

五時半起床，作半小時運動散步後，六時洗漱，六時半開始靜坐，七時寫日記，七時半練字，八時十分閱報。九時爲甲組籃球練習時間，九時半剪髮，十一時會客，十一時四十分午餐，餐後休息一小時半，二時半閱德人羅特徵格著墨索里尼對話錄。三時督促甲組籃球隊練習，四時某難民區學校來參觀，繼續看對話錄。五時召集班長開談話會，六時半始畢，晚飯後閱夜報，德國佔據捷克全境後，續向羅馬尼亞有所要求，仍以限制匈牙利之經濟政策，轉予羅國。即以經濟合作爲名，限制完全爲一農業國。現有工廠，應完全關閉。所有農業品，只准售德國。似此中歐之糾紛，正開始發動，世界大戰能否避免，已成嚴重問題矣。十時就寢，因本日食素，似覺進步。××連長自前晚嚴辭申斥後，連日不見出門。七時唐棣來，爲其關說，據稱其極爲灰心，自知言語不慎，請爲原諒等情。當以其爲人虛榮心太重，利用小聰明，做事無恆心，對人信仰不堅，爲其致敗之由。下午之班長座談會，對給官兵精神日益散漫，消沉，應如何振作精神，砥礪學術。故今後擬每週開一座談會，藉資討論一切。從明日起，按日實施操典研究，望大家努力學術為要。

三月二十一日　星期二　雨

五時三十分起床，在床即聞雨聲，漸落漸大。洗漱後，七時在講堂集合隊伍點名，並宣佈發四個月薪餉，五十分完畢。八時許準備步兵操典，研究班綱領，四至十條。十時至十一時三十分講畢，吳萃其來，囑為調里洋二百二十元，備發餉用。下午一時，按次親行發餉，二時四十分發畢，計發出五千〇四十六元，下士以上按階級發放，上一等兵發津貼，上兵發洋三元。三時在房內休息一小時，閱墨索里尼對話錄，無甚意義。晚飯後看報，歐局之變化，須看民治國之英法如何態度，始能有定。十時就寢，睡眠較前夜稍好。

三月二十三日　星期五　晴

晨五時二十分起床，運動洗漱後，六時三十分靜坐，七時寫日記，七時三十分習字，八時準備操典總則，並檢閱本日報紙。九時許督促甲組練習籃球，十時上操典研究講堂，講總則一至八條止，十一時三十分畢。第一連住醫院之陳玉祥，係患癆病，據該院電話，於本日上午九時死亡。嘗打電話普善山莊，予以料理後事。十二時要王翻譯給電話馬飛，能否赴醫院探視，初料必因現在租界情勢緊急，彼等胆小似鼠，畏首畏尾，必難答應；果不出所料，以時間過遲，必須請示負責者，方敢負責爲辭。午睡一小時，二時半將人數階級重新計算，擬增加一部階級，藉資獎勵。五時閱「歐洲時局與中國抗戰」，文筆頗好。六時半晚飯，洗澡後，九時看墨索里尼對話錄，　領袖之訓練。

三月二十八日　星期二　晴

晨五時起床，六時指揮部隊晨操，跑步後即習做體操，頭臂脚各部。七時半騎馬一刻，同來洗漱吃白木耳。靜坐十分鐘，旋準備操典。九時練習籃球，十時上講堂，十一時半講總則，二十三至二十六條，和各個教練立正稍息，原地轉法各條。十二時午飯，一時欲午睡不能，二時許教英文兩位學生來，另帶冠真照相館贈　領袖玉照四張，旋即辭去。打彈子一小時，將呈何部長報告整理完畢，六時許晚餐。四時吳子彬來，參加甲組籃球練習半小時，一切動作生強，爲余三十餘年第一次參加籃球練習，惟不耐跑，想因久不長跑之故也。九時許就寢，二時腹中微痛，起身大解，自後即難入睡矣。

三月二十九日　星期三　晴

本日為黃花崗七十二烈士殉國紀念日，晨五時三十分起床，運動洗漱後，六時三十分舉行精神紀念升旗典禮。將先烈殉國經過講述後，最以努力鍛鍊體格，研求學術，提高人格，約一小時完畢。另有士兵祝梁棟黨仁杰兩名演講。七時許寫日記，閱報，八時四十分打籃球，打乒乓。與飛馬立談片刻，打彈子一小時。午飯時達文送來臘肉，不甚好。一時坐息至二時許，將起居時間表與運動時間另行規定。旋有湘姚中學學生十人來參觀，並送餅乾數罐。三時國光中學籃球隊來作友誼賽，結果三十七與五十九之比，敗於國光。旋與吳子彬吳萃其打彈子至晚飯後始止。宋福華介紹之李殷二學生教英文者來，五人晚膳仍打彈子至八時三十分，始洗澡。十時許就寢，打彈子過久，精神又受影響，至夜睡不安，後當慎之。

四月四日　星期二　晴

指揮早操，七時術科，十時上操與研究講堂時，有十四職業學校學生三十餘人，請求入內參觀，但馬飛下令僅限二十五人，多一個亦不允許，且全部為女學生，此種無理壓迫，令人可恥其人格。怯懦無能怕日人如怕虎，安可認為一等強國之國民乎，亦何能謂為軍人乎？吾人所敬慕為公理正義，非此不足為吾人一顧，擬寫一書樊克令總董，請其阻止馬飛非法處置，不然，再想法對付。

午睡不能，呂宋人又正加密鐵網，裝電燈，庸人自擾。此種警戒，簡而易舉，亦如此慌張，可知彼輩平日之一切矣。難怪日人不把彼輩放在眼中。四時與青年會中學作籃球友誼賽，結果三十九與二十七勝。

六時許麗英來，趕繕上軍政部報告。夜仍多夢，上講堂說話過多，殊苦，不說亦不行。

四月六日　星期四　晴

五時許起床，氣溫爲三十九度。

呈軍政部報告，上午十時交萃其送劉德貞小姐轉香港，航空雙掛號寄發。江一平律師轉樊克令總董書，亦同時送出。

指揮部隊早操後，復將致樊總董信稿重加整理，故昨今兩日操典研究講堂暫停。十時萃其來，當將呈軍政部報告，付洋五元，囑送劉小姐轉香港。樊總董信，囑送江一平律師。十一時麗英來，午飯後休息至二時許。下午參觀學生仍極踴躍，且今日已不准學生進入呂宋人住處門前空坪休息矣，坐於馬路旁邊。觀此已無情理可說，昭然若揭矣。

四時在室內散步，見依文諾夫意氣洋洋，與「斜肩甲」巡視鐵絲網。彼輩用心惡毒，吾人知之甚詳。但彼等只能暗中故弄是非，不敢公然阻難。吾人誠有犧牲之決心，但不知彼等何以善其後也。

下午參觀之學生紛擾不堪，殊苦。十時就寢，不能安睡，一因精神受刺激，二因午睡過久。

四月八日　星期六　晴

起床洗漱後，指揮隊伍早操，九時許啓秀女校學生來參觀，分三批來。最後一批來打籃球，球術甚佳。連日因放春假，各學校學生均來參觀。唯受限制，發生許許多多麻煩。

上午馬飛來，一部士兵據理要求足球場門提早開闢，以便吾人鍛鍊體格。其次所交涉者爲限制會客。旋馬飛來晤，對足球場門提早開放，允予照辦。對會客人數限制，據稱係奉命令，必須請示上面。但婦女自無問題，準於下星期一或二答覆云云。

三時吳子彬來，十日來因生病，因此未來。打彈子一點鐘，教甲組練習攻守術，五時餘始畢。夜臥較好，夢亦少。

四月十四日　星期五　雨

終日微雨不止，春雨綿綿，正其時矣。十時上操與講堂，午飯時與王翻譯飲了兩口高梁，卽覺醉意。午睡一小時，二時將經收慰勞金整理繕好，預備明日發表，其餘所收現金物品，亦擬卽要麗英照抄一份，送報館發表。其數目如下：

一、經收慰勞金業已發表　六，六二六元六分四

二、未發表至明日止　六，九九元一角四分

　兩共洋　七三，二五元二角四厘

付出洋　九，二二一元九角

除收慰勞金外實墊付洋　一，八九六元六角九分六厘

姚惠泉尙欠　二，〇〇〇元

連日報紙對戰事消息似稍好轉，開封有克復確息。如全盤戰事改守爲攻，情勢當更見佳妙也。下午新新公司派李伯祥送美國華僑慰勞時鐘一具，膠鞋四〇七雙，夜睡如常。

四月十五日　星期六　雨

終日微雨不止，殊苦，十時操典講堂改在大講堂集合訓話，說明抗戰情勢與國際現狀。歐洲現極緊張，恐第二次大戰，本年內難以免止，如世界大戰爆發，勢必形成民治國與極權國之大戰，結果之慘痛，當較第一次世界大戰十百倍也。其次爲明日警戒，因俄隊檢閱，改

由意大利駐滬防軍接替。官兵對禮親儀表秩序衛生等應加注意，最後將慰勞金經收數目交鄧連長粘於講堂，十一半半始畢。

下半月給養由工部局許先生送來，下午按數轉發。五時劉小姐等來，將美國華僑贈送之時鐘一具，交其帶回新新公司，擬調換手錶一隻，不知能照辦否。

夜眠仍多夢，雖較能睡，總算有進步。

四月十六日　星期日　日陰夜雨

八時，四國警戒，由意大利兵接替，觀其交代各崗位警戒時，小心翼翼，懷有戒心。直至八時四十分，始交替完畢。九時許有美亞織綢廠工人二十餘人來參觀，慰勞，聞意兵加以搜身云云。十時擬赴講堂與參觀人談話，而意軍官偕翻譯在內觀看，招呼後，詢其進來坐否。彼答很快樂，余當請其暫候，俟余對美亞工友談話即來。旋相偕坐談，以其領章觀察，爲一少尉排長。前日來者，爲另一中尉，想爲隊長也。余詢其到中國幾時，以前到過否，有何感想。答，去歲十二月從意大利來，以往未到中國，在上海四月。北平漢口等地，均未到過，北平係中國文化發源地，上海並非中國文化根本地方，五方雜處，紐約、巴黎、倫敦的生活習慣，都可隨處看到。且時間很短，希望在最近能有機會赴貴國內地一遊，故此時無其他確切觀感。余問對中日戰事有何意見，答曰，貴國是一個龐大的國家，人口衆多，出產又極豐富，其力量不能常理判斷。惟中日兩國陸軍實力之優勢，均不詳悉，且戰地面積廣大，非一地可以決戰者，恐此戰爭必須延長許久，始能結束。日本海軍頗為優秀，有特長之人才，良好之武器設備。詢余生長何地，到過意大利否，懂意文否，余答，余生長於廣東，一向在中國，未到過各國，不懂意文。所閱墨氏書籍，為中文譯本。彼謂，彼非陸軍，亦非陸戰隊，完全屬海軍，在此服務完畢時，仍同兵艦服務，現駐白利南路一帶，為英美防軍之中間地區。談至此翻譯謂，渠之機關槍為雙筒式，余謂，此種意式輕機關槍，恐我國亦有。答，以往中國軍器，大部購自捷克，世界最良好之武器為捷克，中日戰事前，中國飛機大部購自意國，但意國飛機，發動機概行購自美國，由自己設備構造，輕武器均不良好。惟重武器如大炮，則極銳利。余詢意大利有多少人民，答四千三百萬，中國以往在意學習海軍者極多，有一在意學習海軍之同學，此次在香港見面云云。相談一時餘，始辭去，彼此互換名片後，并約將來能有機會再見。

午飯時有華東聯合中學來參觀，二時又有粵東中學學生來參觀。意軍原定從早八時起，至下午六時止，即行交代，但據報晚飯及軍毯臥具均行運來，想因檢閱為時過晚，俄隊不及接替矣。

四月十八日　星期二　陰

昨夜不知何故又不能睡，現在精神不能受一些刺激，稍爲刺激，即覺不安，極易興奮，又易萎頓，此之謂神經衰弱乎。十六個月的重失眠症，身體的反應不安可知，最近雖稍好，但仍未完全復原，故稍爲興奮，又難入寐也。

連日天雨，無法運動，精神殊苦，午睡不能。最近數週來，坐在沙發上打瞌睡，極覺疲困。倒在床上，又覺不能睡，不知何故。

下午看了好久雜誌，六時梨英買來長征，翻閱了好久，看不出頭緒來，擬空時擇要閱讀。十時就寢。一時聽陳日昇急促連叫報告團附，起而視之，酒臭不堪，知爲喝酒過醉，又鬧事矣。吵鬧四十分鐘，由唐建長帶走，第四連内部無法弄好，積習過深，此種環境，尙不知團結，誠無心肝人矣。

四月二十一日　星期五　陰晴

本晨遍閱本市各報，對昨日發出之告同胞書，均節減刊登，想因顧慮環境，而有所忌懼故也。觀連日各報言詞之持重，即可知本政府抗戰目標，委屈求全之宗旨，不再與法國當局發生正面衝突。唯所顧慮者，倘法租界懸旗如受阻止，公共租界必同樣受限制，爲時間問題，此應如何設法防止，爲一大問題。

關於鳴謝各界捐助慰勞物款者，各報多不登載，想因篇幅所限。申報亦僅刊一部，大部節減，獨新聞報全部刊登。

下午打排球後，飲啤酒二盅，閱拿破崙本紀第十章，記拿翁旋歸巴黎時之事蹟。觀其頗慮聲望過廣，取忌樞要…此是聞之人，絕無情愫，茍吾三次與接，則已目爲常人，而前此勳誠，幾屏不道矣……吾茍身臨東市，彼輩亦將駢肩觀我就刑耳。上海人心，亦何止駢肩觀刑而已哉。證以八一一旗桿事件發生後，一部所謂地方領袖者，幸災樂禍，可知彼輩居心之險惡，未有過此者。

連日精神受刺激，夜眠極不安，殊苦。

四月二十三日　星期日　晴

禮拜日想安閑，亦不可能，零零碎碎的事體，糾纏不淸，日日如是，精神不安。夜不能睡，恐亦原因於此。八時許打籃球，午飯後仍欲作午睡，但難入寐。下午有數團體來參觀，入四十餘人後，顧光敎即不准再進。姚葆奎瞿兆鴻二人來，亦以派司一看始入。啓昌來打籃球，大敗十餘球，原因連日比賽過多，球員均精神疲極。啓昌來照相，與甲組球員合拍一張，單人坐椅拍一張，立拍一張，不知成績若何。

四月二十四日　星期一　晴

指揮早操後，令營值星整理內務，停止出操，當寫一信給江一平，貢獻意見，托其爲余代表，設法恢復自由問題，不知能否辦到。幾時欲取土整理營房，亦以須待馬飛少校來，始能工作，不知何故。旋呂宋軍官先後來兩次，談及做工事。十時之講堂，僅二十分，馬飛來與之坐談，始知取土過深，恐毁壞鐵絲網與竹籬。對會客仍准以五十人內，不知何故。樊克令信似無多大效力，殊失望。午飯後欲睡不能，殊苦，從明日起，決不再作午睡，以觀夜間睡眠如何。

三時許有某團體約定來表演話劇，不料用物不准搬入，據稱馬飛以必須先將劇情通知，經審查無政治性質，始准開演。余當請周翻譯來，詢以如何忽變更不准演劇。上午馬飛來，亦未談及此事，請卽轉知馬飛，似此無理限制，全體官兵均極不快。旋卽來報，馬飛卽來，殊料馬飛到門，卽允將演劇用具搬入。據其來談，並非不准演戲，恐有政治性質之戲劇，刺激情感。租界演戲，必先在二十四小時內，報告工部局，始准表演。

四月二十七日　星期四　晴

指揮早操後，即騎馬二十分，七時寫委座西安事變對張，楊之訓話四條幅，和安危他日終須仗，甘苦來時要共嘗等。九時練習籃球投籃，十時上操典講堂，午飯尚作排球戲。下午指揮士兵栽樹，並將枯死樹三根取去，另種三株。二時馬飛來，據稱昨日參觀二十餘人，初言入內打乒乓，但進入後，即行表演。復言點名時，官長又行打球，倘長此以往，恐工部局又發其他限制命令，如能不再發生事故，參觀人數，可以設法增加。當答以會客演劇受限制，官兵均極不快活，應設法改善。並言下午有一江先生來看余，約談一刻鐘辭去。旋即條諭各連，禁止點名時打球，參觀表演，必先通知。

下午連續作籃球比賽兩次，甲組球員，過份疲乏，均敗不堪。

四時三十分江一平來，對前事提議，不顧負責，地方機關，亦不願出名。言語中似為徐××乃反對激烈之人。相談二十分辭去。

上海人心可怕，趨炎附勢，徒以一己利害為轉移，國家有救亡希望乎！有利益者，雖公即私，拚命爭奪之。無利益者，雖國家重要事件，亦破壞之反對之，此類人誠毫無心肝矣。

四月二十八日　星期五　晴

指揮晨操，七時靜坐一刻鐘。八時閱報，有克南昌消息，但電訊什亂，似不確實，惟迫近南昌四郊，爲無可疑者。

九時各連乙組籃球分別比賽，一四兩連戰，以四連勝，二三連打成平手。十時三十分，集合副班長以上在講堂訓話，將應注意事件分別轉告。十一時二十分畢，訓話內容：（一）參觀人數之受限制，表演話劇，必先將劇名轉告，俟答覆後，始能表演。參觀人切不可再發生絲毫不良事件，至被認爲取締之口實。（二）八時清查人數時，官佐停止打球。（三）讀英文者，必須有恆心，繼續去讀。不然，供給其膳食車費，實無益，當即行取銷。（四）租界情勢，日益不良，兩租界懸旗均受限制。（五）友誼賽籃球鼓掌須注意，不獨外來球隊要鼓掌，自己球隊更要鼓掌，鼓勵球員精神。

十二時一刻在合作社請上尉以上官佐和甲組籃球隊球員茶點。下午一時四十分始畢，三時看書一小時，五時石秀華來，問虞樹樟因何而死，因渠不在此病室內服務，故不及知之。答俟調查後再來告，爲縫棉被單後，六時辭去。

四月二十九日　星期六　晴

晨查視營內整理清潔，六時裁剪小花園內花草。八時馬飛少校來，見面即言歐洲問題，因希特勒昨夜之演說，本晨各報均行發表，宣佈英德海軍阻制條約取銷，德荷互不侵犯十年條約作廢。對羅斯福總統和平建設用演說駁斥，並即以此爲同復。以此足知德國對侵略無終止希望，首當其衝者，必爲但澤自由市。

本晨各報證實南昌確已佔領一部，當有小部未及退出，正肅凊中。其大部向南潯路潰退，牛行車站亦有克復消息。

九時起乙組繼續比賽，操典講堂因此停止。

二時光華附中分批進入參觀，並捐助慰勞金五十五元。三時作籃球賽，結果十與三十四比大勝，五時三十分始去。

六時鄧國慶班來表演技術，所表演者，均屬硬工夫，極其美觀超特。惜因天暗，未及多現身手，請其如有機會，再來演技，當蒙答允。

十時就寢，二時即醒。

據吳萃其來言，昨日渠赴姚惠泉處，據稱一月前，地方協會續收到無名信一封，惟此信在徐采丞處云云，此信之發出人，必加詳細調查，是否爲上月十六晚訓斥×××，因此而寫。查其發信日期，即可知之。擬即將經濟全部交出，如何交法，俟商量後再定。

五月一日　星期一　晴

今日為五一勞動紀念。

決定從本月份起，將經濟移交下去，指定二人負責，減少麻煩。

夜又失眠。

晨查視各連清潔內務後，指揮晨操，操畢，並作訓話，誥戒官兵努力鍛鍊體格，本日停止出操。騎馬後，集合甲組籃球隊練習投籃，八時畢。

九時召集四位連長商討經濟，公推一人負責管理，均不願多此麻煩。商討一小時，仍無結果而散，惟余堅決交一人負責，再行考慮之。

十時許許宗慎君來，取上半月收條，因五月錯寫四月，重復同來，換寫一張。下午三時始送到二千二百五十元，聞政府業匯到四萬三千元。工部局財務處言，此數尚不敷用至三月底。從去年十一月下半月及十二月下半月開始借墊，至四月份，亦僅五個月，如何達此之多。統計為二萬二千五百元，當即函何德奎副總辦，請設法將其賬單，抄一份查閱。

下午三時有延平學校來參觀，並表演話劇。懷久女中派三位學生來接洽參觀事，擬由七日下午提前為三日下午，答以三日下午另有約定，不便更改，故仍定七日下午。

夜十時就寢，久不能睡，不知何故。昨晚能安睡，今晚又失眠矣。

五月三日　星期三　晴

晨起床略行運動後，即寫報告，內容計分三點：（一）為報告因此的憤慨。（二）為貢獻恢復自由意見。（三）為工部局墊給養今後交還手續問題。上午操典講堂停止，下午四時親用鋼筆繕寫，由何人轉交，殊費躊躇。三時許，私立常州中學籃球隊比賽籃球，結果二十六與十五比勝，夜眠如常。

五月四日　星期四　晴

晨起床後，接讀匿名信一件，報告此次發餉，上一等兵少數份子意圖搗亂，並指出數人。此種不良份子，由於思想錯誤，急應設法糾正。繼續寫蔣師母信，決定　先生信寄由鶴臯轉夫人轉　先生。下午三時送出。十時上講堂，曷以大義，官兵均極動容。下午理髮，三時，馮文鳳太太派高小姐送大小圖章四顆及筆十餘枝，殊感激其誠意。三時半練習籃球，六時白馬發生毛病，但似非重病，觀其精神尚好。

五月五日　星期五　晴

本日爲　總理在廣州就任非常大總統的紀念日，也就是租界特殊環境限制一年升旗八次的第一次懸旗的紀念日。於晨五時四十分集合全體官兵，舉行精神升旗典禮，訓話時，勉以「生活要自治，紀律要自覺，學習要自動，」三種意義的解釋。勗全體官兵切實奉行，歷時四十分始畢。口號：　總理精神不死，生活要自治，紀律要自覺，學習要自動，團結精神，統一意志，　蔣委員長萬歲，中國國民黨萬歲，中華民國萬歲。七時百樂理髮廳組織的百樂籃球隊比賽籃球，結果二十二比二十二平分秋色，九時蘇州中學學生三十餘人來參觀，十二時始去。

今天氣候頗熱，寒暑表八十八度，開本年最高紀錄。

二時移風劇社五十餘人來表演，谿安州，戰蒲關。余對京劇始終不感興趣，從來不看，原因由於太吵鬧，所有京劇場，不講究衛生，看戲者毫無秩序，種種原因，故余殊不能踏入京劇場，即此故也。此兩齣戲，極爲簡短，三時許已告完畢。三時四十分開始與西北風籃球隊比賽，各球員表演均極精彩，投籃多命中。結果三十二比十二勝。六時舉行精神降旗典禮，對少數不參加者，嚴加訓飭及援引　委員長與日光，空氣，水，抵抗意義詳加解釋，勉官兵奉行。

郭九舟電由張瑞卿送同，交姚惠泉接受，薛司令長官電亦由其送同，轉一平拍發。

五月九日　星期二　晴

因準備十四與持志校友隊對抗，甲組籃球隊練習時間，改作五時半至七時半。本日文匯報對捐贈銀杯一只作慈善籃球賽及簽紀念册擬收洋一元，作救濟難民事，亦已登出。而持志來比賽，亦有消息矣。本日爲五九國恥紀念，租界受日人壓制，未得懸半旗。停止操課，唯十時操典講堂照常不停，午飯後休息一小時。旋吳子彬來，集合甲組乙組球員，在第三連連講堂，四時許畢。閱拿破崙本紀，五時半始畢。

以往睡眠情形，以下午看書時間久暫爲轉移，苦於下午參觀團體過多，不能靜心多看書，夜眠頗好。

五月十日　星期三　晴

晨五時半開始練習籃球，不料跌了一交，把左腿擦了兩塊，找湯醫官將紅藥水搽後較好。旋擬電稿，上軍政部查詢三月一日報告情形，十時許上海中學十餘學生來表演話劇，但鄧連長貿然答應，事前未和工部局接洽。午飯後休息一小時，三時許，懷久女中高普三學生六十人來參觀。女學生玩皮，吵鬧不堪，儘量爲她們簽紀念册，又要寫什麼訓詞，尤不足把她們身上用的手巾數十條，要求各簽一姓名，據稱回去把它剪脫縮起來。詢她們卒業後宗旨如何，以赴內地升學及到社會上服務相答。她們堅要求余訓話，答以不願多說話，尤以余所言，妳們不願意聽，因此不說爲佳。

熱度在八十六以上，亂風沙塵散空，七時許落雨，洗冷水澡後，睡眠安適。

五月十四日　星期日　晴

晨四時醒後，胡思亂想，心緒煩亂，精神不耐，無法即行起床。練習籃球，一小時後，稍爲安靜。八時朱翻譯來言，呂宋排長云，會客只准限制二十五人，且須搜身，不願意者，可自行出去等情。旋李宗江等來，據云確曾由呂宋兵加以搜查，精神極不耐，頗憤激。爲私立上中，書二八級畢業紀念刊，錄　領袖訓示；一個國家，一個主義，一個努力方向，願與諸同學　共勉之。另將啓昌所攝站立相片一張交其製版，午飯後休息一小時。

二時打排球至三時許始止，上海藝術研究社來，接洽表演話劇。

夜眠做一夢，殊爲詫異，緣星期六交一信由錢托黨轉交先生後，余即禱告上帝，懇求給余一種助力，俾能達成吾人之目的，而晚上之夢，爲已達成目的，晉謁先生夫人等，狀殊愉快。余謹以此敬求上帝的大能大力爲余協助，睡眠不安。

五月十六日　星期二　晴

五時一刻開始練習籃球，七時半始止，休息閱報後，九時許馬飛來。十一時打霍亂預防針，查有百餘人不打。各連值星官不負責任，當集合官兵調查，繼續打至三百三十餘人。倘官長負責，先將隊伍集合，按次點名，何至有打與不打之弊，當召集班長以上嚴加訓斥，官長精神渙散，誠淵觀也。

午飯後擬作午睡不能，二時起床，下半月給養送到二千二百五十元，擬即分發，旋吳子彬來，略談片刻，即與光華附中比賽籃球。一般球員打來極差，傳球都是傳給對方。僥倖三十與二十七比，勝。想因打針後，球員手臂作痛之咎。六時余亦覺右臂作痛，精神感覺反應，晚飯僅吃半碗。

五月二十一日　星期日　晴

上午八時前練習籃球，八時閱本日各報，無特殊消息。十時乙組籃球比賽，三勝四，一勝二，較上次比賽，均無進步。午飯後休息一小時，三時清心女中五十餘人來參觀。另經世社二十餘人同來，比賽籃球；三十四與二十七比勝。本日比賽頗爲危險，相差僅兩分即敗。

旋反攻得勝，與彼等合拍二相，即行辭去。

五時閱拿破崙本紀。九時許就寢，夢全營暴動，擊傷對方十餘人，彼等將擊傷者，住於余室，四時即醒。

五月二十二日　星期一　晴

五時一刻開始練習籃球，七時騎馬。因昨日跑得過激烈，久未大跑，因此微覺疲困，故本日僅小走耳。十時上操典講堂，喉嚨仍不甚妥。十一時半乙組籃球隊一連與四連比，三連與二連比，太陽極厲，晒得不能耐。二時許始同房休息，三時半復練習籃球，五時半始止。

×××胡作妄為，一天一天的不對，態度日益不良。利用無知兵士，欲施行搗亂，此人卑鄙齷齪，誠無救藥矣。非嚴加懲處，不足以警其錯誤。該連士兵，素來較之各連素質紀律精神均優，近來狀態日益不良，打官長之意圖，連續發生。長此以往，不堪想像，決心用外科手術懲一儆百。夜眠不安，三時即醒。

五月二十三日　星期二　雨

五時許正練習籃球之際，天忽落雨，由小而大，至終日不止。八時後因近兩月來，××

×公然有目無官長的態度，並且利用無知士兵朱勝忠，亦日益發生種種不良態度，前途殊堪憂慮。×××個人出身係為×××之勤務兵，自無足怪。但該連士兵，素來紀律精神均佳，深恐受其誘惑，秩序日壞，無法維持，何堪設想。故決心嚴加責治，當調江順治鄧炳伍杰劉占魁等個別調查，得知其目無官長之可恥言行，憤慨萬分。余六年來待其處處如同父子，時至今日，反人面獸心，際此特殊環境，如此妄為，誠余意料所不及，亦為余之無能，六年部屬，尚如此現象，余心殊自愧，但為維持內部紀律計，不能不以懲一儆百之手段，以警其極端謬誤之言行也。

十時余召集余去年十二月間因入巡捕醫院靜養而發生之班長會議，拜把結黨，各連負責之班長朱勝忠彭濟凱施彪嚴占標汪東祥等六名訓話。並再補發彼等二月份每人一元半之餉金。而朱勝忠受×××之唆使，傲慢態度，形諸顏色。余殊卑鄙其人，溯此次班長會議之動機，即由朱勝忠所倡導，主其事者為黨仁杰。但事發後朱勝忠在余前，極力悔過自新，余念其無知，當誠懇訓飭，冀其悔改。不料其錯誤一至於斯，誠無法救藥矣。正在此時，馬飛少校來，余當詢其會客事究竟如何限制。據稱為男二十並女二十五，問其誰下令出入要搜身，據稱此係注意苦力進入，余謂恐錯誤，因會余之客，亦加搜身，此又為何事。據答出於誤會，復告以大操坪之門應提前開關，據答可以，即當轉知呂宋軍官照辦。旋說及前日會談事，爲明日將軍官一員請移住，請於明日上午八時派兵十名，余將該軍官交其帶往，馬飛稱當照辦。

午飯後休息一小時，精神極度緊張，不妥殊甚，二時看拿破崙本紀，五時書一信寄巧英，內附相片二張，十時上床，靜坐片刻，臥床一小時後始睡，，三時即醒。

五月二十四日　星期三　上午微雨下午陰晴

四時一刻即起床，天仍微雨，六時精神過份緊張，幾不能自制。見×××尙盛氣凌人，殊不解其是何居心。二月來迭次想法，促其能覺悟自新，但均無效。自暴自棄，一至於斯。八時正，見馬飛依文諾夫等均來，余當下令，召集連長集合，×××尙態度傲慢。旋呂宋兵十名到來，余當將其交彼等帶去，旋檢查其房間，在床板下面，得一斧頭，餘無他物。九時集合官兵訓話，(一)將×××隨余六年，以往余處處維護之經過詳爲說明。次言兩月來余欲其改過自新之經過，迭次派唐鄧兩連長解說，促其覺悟之苦心。再言其利用朱勝忠，以往說其不好也是他，現在反又利用他，何能爲士兵表率。初因班長會議事發後，主張把朱勝忠送走是他，說退出甲組籃球隊不滿意也是他。說打仗最怕死，八一一旗桿事件，不知如何拆破也是他，說擬潛逃也是他，誠可殺可殺。(二)地方協會欠吾人薪餉兩月經過，及此薪餉來源，爲余之長官陳部長所代爲請求，不獨如此，地方協會尙欠吾人二千元。(三)八一一旗桿事件爆發後，你們官兵把事情鬧出來，反怪怨你們的長官。(四)收到慰勞金數目處置和公佈經過。(五)服裝費無着落，余卽將擔子擔起之苦心。(六)從三月份起，按月余之給養費肆百元之處置，卽將公佈，至十一時始畢。同房後決卽休息，午飯亦不思食，下午二時起床，不能睡。三時半，召集第一連官兵訓話，勉彼等更要努力，守紀律，守秩序，保持以往光榮。旋數班長來說，彼等懷疑爲江順治所報告，又說楊德餘所報告。士兵無知，一語不對，卽恐人報告。並有士兵二十餘人，被×××收買，聞悉之餘，殊深詫異。五時復在第一連寢室集合該連隊伍詳加解釋，將處治×××遠在一星期前已下決心，爲余親眼所見，對余態度不好，並非何人所報告，不要胡猜，約四十分鐘畢。旋閱本紀，何德奎來，據稱馬飛要其來，詢營內有須工部局協助之事項否。余答營內毫無不良事件，余上午所致馬飛函內容：(一)請暫時禁絕一切接見，無論任何人，非經余函件證明，一律拒絕。(二)所有來往信件，請一律交余檢閱後，始交閣下轉致，物件亦然。(三)起居飲食請特別予以優待，精神上切盼勿加刺激。以上三點，以余意料，當不會誤會。但五時許馬飛下令門首衛兵按照以上三條照辦，已知照其發生誤會，並非對本營房有什麼，完全爲對待×××者，渠始釋然。

五月二十五日　星期四　晴

昨夜楊德餘排長來報，士兵對江順治排長恐有不利，當將情形詳為轉告，囑為點名時嚴飭遵守。一般連長，平日不能以身作則，一言一動，毫不檢點，一旦生事，遂無法無天。此種環境，實無法可想，自前日余將×××移居後，因一部士兵平素對江排長惡感甚深，渠擬利用此種時機，拉攏彼輩，實屬荒謬之至。當余十時上講堂訓話畢後，渠即對胡夢生言，此次事與你無關，此後連長個人事件，不知何人報告團附，且內情極複雜，聞有各連官長報告團附。余一再解釋，俱無見效，本晨陶排長復來，仍以楊排長言相告。當召江排長言，此事之究竟。渠答無問題，余則謂湖北人嘴好說，事實不會做出來的。只要你把情形誤會解釋清楚，當不成問題。不料渠去後，余叮囑陶杏春小心注意，切不要鬧出不良事件來，旋聞吕宋衛兵吹警笛，知事情鬧出矣。出房門果見江排長滿口流血，急步而來，據稱回去後，即召集十餘士兵解釋，余知其錯矣。當時僅和胡夢生個人談論此事，乃仍又召集十餘對其不滿意弟兄解釋，則誤矣。倘仍與胡夢生一人言，恐亦不會有此事件發生也。因本晨胡夢生來時，余已詳為解釋，並允本日處置妥當。該士兵並要求余下午對彼等訓話，本已無事。江排長自找煩惱，但不論如何，弟兄打官長，為不良現象，即集合該連隊伍訓話。胡夢生見余即跑，旋知傳官來魏成河等三人，為毆打之首凶，其時余長壽因腦筋簡單，再三詢余處二十餘名單何人，要余指出。余動怒擊其兩掌，此事始畢，唯已達一小時多矣。

八時呂宋衛兵交班時，接×××來信數封，一致余，一致其妻，一致陶，另一致張某者。此人無可救藥，意圖狡辯，閱後置之，當將陶杏春排長信轉交，其妻信擬加數語代轉，以免其掛念。

十一時不思飲食，當即作午睡，休息耳，不能入寐。二時後調有關係各人詳爲調查，朱勝忠曾將經過詳爲說明，最後復下跪，因證明×××之非，五時後集合該連隊伍訓話，並請唐鄧伍參加，以朱勝忠之言，證明其非也，他無用意。第一連士兵確無他意，完全因此種消息，恐慌不安。此種消息，江排長如何創造，誠不知其用心也。飭朱勝忠報告數語後，即行釋放胡夢生等三名，餘拘禁。七時許放映世界運動會電影，僅四本，聞尚有五部，有續映希望。

五月二十六日　星期五　晴

補記昨日檢查×××書籍，節錄以下荒謬絕倫之數語：

有一信署名爲林康者，地址爲四川路五九九號，青年會中學高三級，又白克路三四八號鴻大號轉，「你囑我做的文章，何從下筆，丈二和尚摸不着頭腦，一部二十四史從何說起，這是個難題目，請你再指示一些，如何做法，讀些什麽。」

三月十五日筆記擇要，一吾見此條，拋之地上，氣極，一……一方想法與謝拚命，並寫稿以便報館登載，預備買來沙爾吃，然後以菜刀拚之……將報稿稍加整理，預備着人送報館，……來沙爾爲××介紹之金××購來。

三月十六日夜……到江房（即江順治）中望了一回，談些謝先生之德政，故此我越談他，我心中越恨，……

三月二十一日謂胡夢生來召見……江順治之野心畢露……況彼又到謝處拍馬，願充其個人之奸細，第一連叛徒，……我心中最恨爲謝，……

四月二十三日呂苗女士……要我寫稿……祇好硬着頭皮允許她……

查三月十五日訓斥官連長經過情形，當日筆記已有約略記載，因余認爲一個長官，因部屬處置錯誤，加以訓誡，乃極平常之事，故未詳細記述。不料×××謬誤一至於斯，茲將經過情形，憶記于后：

是晨早操集合時，各連值星官均到場，該連人數爲各連最多者，士兵九十四名。但集合時，僅三十餘名，連值星陶××亦未到場，由一副班長指揮；而各連人數，以第四連論，共六十餘名士兵，亦到操四十多。余到操坪後，按各連人數查點，以第一連爲最少。正副班長到者，僅一指揮晨操之副班長，其他無第二個人，分查各班，每班二人——四人，未有五人者。第九班無一人到操，按之此種人數，連上一等兵，亦未到齊，官長不負責任，高臥床上，此種醉生夢死之行爲，恐生無立足之地，死無葬身之所，痛心何極。詢之彼等，副班長以上，×××規定不出早操，余對其此種荒謬處置，憤恨極點。國家養兵，每一部隊，能否作戰，完全寄托在班長身上，軍語謂「班長爲頭目」，是即謂班長爲軍隊之頭目也，何等重要。收操後余書一命令，按以上情形，敍述後，以該連長官××教育無方，值星官×××疏於檢束，各記過一次，第九班長曾××應予申斥。此種措置，實余觀察月來官佐精神日益消沉渙散，終日從事打麻雀，士兵之種種敗狀壞象，更不堪言。故處置後，即召集隊伍訓話，嚴飭振作精神，官長應以身作則，長此敷衍，何堪設想，遂亦罵之。是日夜八時，雷，伍，陳等在此打彈子，×××盛氣之下，來房質問理由。據謂，跟團附五六年，要殺我的頭，亦無話好說，但曾××受申斥，實屬冤枉，因第九班掃數乙組籃球員有不出操之規定，而且沒有到操六十一名士兵，所擔任之勤務，均有數目，一些不會錯。余詢其數目，儘量東拉西扯，最後尚言決不會錯，余因此極不滿其行爲。早上送命令時，其當時之傲慢態度，現在復當面抵抗，毫無理由的反抗，當嚴加訓斥。余今日任何人均不怕，我如不死，在此一日，決負責到底一日，余爲國家民族之光榮，維持我軍之名譽，決不敷衍塞責，誤國誤民，你們去想清楚吧。

×××為人虛榮，輕挑，做事無恒心，待人不誠懇，凡事利用小聰明，由於其出身為×××之馬弁，人格毫無，此其最大之錯。十九個月，余因處此環境，不願將自己部屬，受人糟塌，事事委屈求全，冀以精神感化，能夠和衷共濟，應付此種險惡環境。不料因此而生士兵目無官長之野心，而官長本身，亦以余過分寬大，誤認為可以胡作妄為，當面抵抗，目無官長，在背面侮辱謾罵，越來越目無國法，愈加放肆。倘不嚴加懲處，余何顏以對我 最高統帥之訓誨，全世界人士屬望之殷。故深思熟慮，兩月餘來，迭派××二×長促其覺悟前非，不料越來越誤認余用心之苦。經一星期日夜思維，結果為顧全孤軍光榮名譽，維持秩序紀律起見，將其移居，忍痛出此，余內心之慘痛，誠非言語可能形容於萬一。

六年之部屬，×××此人，並非無良心無熱血者，由於其虛榮，說話不負責任，好說一句，不好說也一句，正所謂胡說八道，渠不設身處地，亦當明白，此人倘不嚴加懲處，誠不可救藥。倘余再委屈求全，撫心自問，亦愧對良心，天理亦不容也。

余性情過硬直，處事過認真，責任心過重，待人過誠懇，兼之現在環境，一般官兵都錯認到同屬囚徒，大家同一地位，不能按軍隊紀律處罰。十九月來，余寬大委屈求全，不究已往養成今日之惡習，倘余再長此寬大，內部即無法維持，目無官長，毆打官長，侮辱官長。此種行為，倘不盡力設法壓制，前途實不堪想，故決定正式下達命令：

命令二十八年五月二十六日上午一時於孤軍營

查本營奉令撤退以來，羈困此間，十九個月於茲矣。本團附爲保持我軍過去名譽，國家民族之光榮，苦心孤詣，竭盡心血維持。不料近來官兵精神，日益渙散，紀律廢弛，敗狀壞像，有加無已。從即刻起，再有目無官長傲慢怠墮之行爲，決按律懲治，絕不寬容。仰爾等善體斯意，切勿以身試法，切切此令。

上午十時集合全體官兵，在大講堂集合，當場宣佈，並即訓話。士兵多有肅聽余言而下淚者。余謂近數月來，內部確有進步，但尚有目無官長，毆打官長事件發生，此爲已往余失職之咎，一切由余一人負責，國家有法律，軍隊有紀律，以往官兵犯過，余均委屈求全，冀化大爲小，和衷共濟，免被人看輕。但最近×××之目無官長，胡夢生等之毆打江排長，此種行爲，一般官兵，均爲余忠告，倘再優容，無法維持。余之錯誤，余應痛改前非，余在此爲最高長官，好也是余一人，壞也是余一人，余爲代表中華民國革命軍人人格之一人，決不讓此一二敗類，辱及國家民族之光榮。你們應知余訓誡你們，並非有何意思，官長處罰士兵，並無仇恨可言。軍人以服從爲天職，余如喪心病狂，對汝等一切不管，此才是國家罪人，歷三十分畢。午飯不思食，即解衣休息。下午蘇中五十餘學生來參觀，比賽籃球，頗占上風，不料反二入與三二敗。

五時甲組籃球隊員請訓話，勉其不要鬧意見，毫無意思。運動人員，應保重身體，有一部分人越練越退步，不知何故。八時呂宋軍官來報，禁閉室三人，現有十餘人在飲酒，余當召楊排長去查，據稱都屬各連弟兄，湖北老鄉。因此次毆打江排長者，均屬湖北弟兄也，旋卽散去。

十時就寢，二時被呂宋兵交班，大聲說話所驚醒，許久始復睡。

五月二十七日　星期六　雨

昨晚刮風，門窗作響。六時後始起身，稍爲散步，卽開始寫日記。十時上操與講堂，午飯後原擬接替值星，因雷連長迭次來說，很麻煩，且團附精神恐亦分不開，交鄧連長較好，因此決定取銷前議，由鄧連長接替。旋鄧唐二連長來商議，據鄧連長云，×××爲人，無論什麼事，虛榮好勝心過重。誠所謂，人不知己過，牛不知力大，對×××爲人，表示極度不滿。唐連長謂，根本思想錯誤，跟隨團附五六年，尙不知團附用心之何在。上官對部下處罰，有什麼仇恨可說。現在士兵除團附說話服從外，無人能說話矣。觀於前日團附訓話時，許多兵士流淚，可知官兵對團附之苦心，精神之感召。不守規則者，僅少數不良份子耳。彼等去後，余憶及上午召集鄧，唐，雷三連長，陶，伍，楊三排長指示彼等，對前日命令，應詳加解釋。今後用最大力量，壓制目無官長，毆打官長之聞所未聞之行爲。第一步設法摒絕士兵有此種思想，囑彼等隨時留意，嚴厲懲處一二人，用殺一儆百手段，補救將來。一時休息，二時後復寫日記，至五時始止。

五時許看拿破崙本紀，晚飯時耶穌教之劉小姐等來，停止晚餐，坐談二十分鐘。俟彼等去後，菜已冷矣。下午下達一命令：

查第×連連長×××，目無長官，言行乖妄，暫予停職。所遺連長職務，由本團附自兼，該連少尉排長江順治因傷住院期間，所遺排長缺，由排附劉占魁代理，仰即轉飭，一體遵照爲要，此令。

九時許就寢，夜眠多夢，此爲連日說話過多，精神不定，本晚開始發生反應矣。

五月二十八日 星期日 陰晴

八時指揮甲組籃球隊練習，一切都有進步，合作較靈。查閱本日各報，知英法蘇互助協定，有成功希望。似此世界大勢，業較清晰，不若前之模糊不清也。

九時許馬飛少校來，坐談四十分鐘，余詢其×××日常生活狀況，渠說一切都極妥適，惟飲食與俄隊一樣，其要求食中國飯，但頗麻煩，余謂渠所用之款，由余支付，飲食請儘量予以便利，早晚運動，亦極重要，望多多便利。余言×××年輕經驗少，唯人極聰明能幹，作戰尤爲勇敢，此次並無他事。渠謂一切請放心，×××請將軍送幾本書閱讀，余當檢孫子兵法四本，其他書兩本，托其帶往。旋談及歐洲英蘇協定事，據其謂，英國恐蘇聯傾向於德，因態度不明，且所擬協定條文，範圍過廣，包含全世界，因此遷延時日耳。余謂各爲本身利益打算，英國地位，其對象完全爲德意，但蘇聯處於歐洲遠東之中央，且日，德，意反共協定，蘇聯受到種種威脅，爲本身利益計，當然以包括遠東利益爲重。什麼國際法，公理正義……等等均屬假的，本身利益才是眞的。渠答絲毫不錯。余復謂戰爭本屬慘酷可怖的行爲，能夠綏靖，固然好，倘養癰爲患，還是戰爭好。

十時理髮，午飯後休息一小時，三時白雪籃球隊比賽，總結三一對一〇大勝。繼大同大學亦要求比賽，當允其請，總結三一對一三亦大勝。六時看拿破崙本紀。

十時就寢，仍作夜夢，比昨夜稍好。

五月二十九日　星期一　雨

五時起床，散步片刻，即寫日記。閱本日各報，有英美法三強駐華大使和海軍總司令在上海協商對日本佔鼓浪嶼和搶査郵船等對策，十時上操典講堂。

午飯後午睡至二時始起床，錢振華排附由巡捕醫院同營，據稱虞壽樟確有誤食藥品至死之嫌。住在該院日久之巡捕，亦如此說。查虞壽樟入院十餘天，本無特殊病狀，最後於上午八時由看護陳宗正打一針，十一時人即暈沉。服藥水僅五分鐘，口鼻流血，即入危險狀態。下午因熱度過高，加冰，次晨即氣絕身死矣。究竟所打何針，所服何藥；服藥後數分鐘，即口鼻流血，在在可疑。旋駕鶴皋，漢欣，九舟等信，擬轉港航空寄發，五時始止。

繼閱本紀，有各連班長代表來報，胡夢生等毆打江排長事，聞余要將其移交工部局，請求在營內懲辦。為保存全體名譽計，請勿移出，儘可憑余如何懲辦，決無他言云云。答予尚未決定辦法，惟不論如何，盡余力量壓制此種荒謬行為，囑安心靜待余處置可也。

十時就寢，多夢極苦，時睡時醒，精神尤不安，身心更寂悶。

五月三十日　星期二　晴

五時起床，因雨散步片刻，練字數頁。八時寫日記，十時上操典講堂，午飯後作午睡，至下午二時起身。三時酱來，半月餘因病未來，相談半月病情經過。晚飯時恐因午睡過久，亦僅食一平碗飯。十時上床就寢，睡眠不安，不知何故。

五月三十一日　星期三　晴

五時起床，練習籃球，七時半始止。十時上操典講堂時間，將以下各點訓示：（一）對耶穌教應信仰其道理，不應有無知識之幼稚言行。（二）對參觀慰勞人應特別客氣，禮貌尤宜注意。（三）合作社賒賬有過多者，如發伙食尾扣不清時，即限令停止今後再欠賬。（四）上學術科一律停止打球，增加學識。（五）分派別，新兵老兵，最無勇氣者，對內最強硬之錯誤，以上各點，勗勉官兵，午飯後休息至一時半，而處置江排長之命令，稿上午起好，尚未書寫。

命令五月三十一日下午一時於本營房

查本月二十五日上午九時許，有第×連士兵十餘名，聚毆該連排長江順治。此種悖理妄法，目無官長侮辱官長之行為，發生於此險惡環境，言之痛心。本應按律懲處，旋念該中士胡夢生下士魏戍何傅宜來等，平日謹守紀律，着從寬將以上三名，罰禁閉一月與記名開除處分，郭少銀上士開除班長缺外，其餘免究，以觀後效。嗣後務嚴格外守紀律，服從命令，倘再有類似此等事件發生，必罪加一等，決不姑寬，仰爾等一律凜遵，毋違此令。

二時許懷久女中高普二級學生三十餘人來參觀，並作籃排球練習賽，堅要求訓話，善言却之。石秀華帶朋友四人來參觀，合攝壹照。四時許練習人釘人二十分鐘，頗覺吃力。五時查各連上數學講堂，教授之學生，由於經驗之缺乏，與言語之不同，教法多不充分。晚飯時盡二碗飯一碗粥，四個鷄蛋，頗有過飽之狀，十時就寢，仍多夢。

六月一日　星期四　晴

五時練習籃球，至七時半止，八時閱本日各報，日人對鼓浪嶼增兵，意圖壓迫英美法三國登陸海軍。九時許宗慎來取本月之半月給養收條，十時上操典講堂，十一時畢，王雲波同志來教歌「八百壯士」，歌詞：

中國不會亡，中國不會亡。你看那民族英雄謝團長，中國不會亡，中國不會亡。你看那八百壯士孤軍奮守東戰場。四方都是炮火，四方都是豺狼，寧願死，不退讓；寧願死，不投降。我們的國旗在重圍中飄蕩，飄蕩，飄蕩，飄蕩，飄蕩。八百壯士一條心，千萬強敵不敢擋，我們的行動偉烈，我們的氣節豪壯。同胞們起來，同胞們起來，快快趕上戰場，拿八百壯士作榜樣。中國不會亡，中國不會亡，不會亡，不會亡，不會亡。

午飯後休息至二時始起床，看書片刻，三時半練習籃球，至五時半止。打彈子四十分，七時晚膳，十時就寢，夜眠不安，多夢多醒。

六月二日　星期五　晴

五時開始練習籃球，七時半畢，接一球因來力過猛，至腦前一時作痛，稍久始好。八時閱本日各報，戰事無甚變化。準備講堂操典，坐在沙發上打瞌睡，十時上操與講堂，並作以下訓示：(一)借錢條過多，本人從上月起，即未借錢，無錢可借。(二)甲組球員隨時可以調換，並非固定的，只要體格堅強，訓練有希望者，均得加入。(三)現在不論籃球排球足球乒乓球，均須我們去努力訓練，望大家努力，以表現我們精神。(四)嗣後參觀人位置和各連坐的位置規定，十一時二十分始畢。

午飯後休息至一時半起身。第一連班長郭少銀缺由段法明中士升充，旋閱本紀，三時吳子彬等來，據稱國光中學決來比賽，本日總結為三一比二四敗七分。倘不是誤於張保生一人，恐有勝希望。後下手諭調第一連嚴漢主張玉文朱校存，四連薛海倩四名入甲組練習。在於比賽前余召集球員在第三連講堂指示彼等應注意四項，禁止四項。注意：(一)開始特別留心，彼方勇氣百倍，我方球員未合身。(二)二個半人攻，二個半人守，即中鋒應協助攻，亦應協助守。(三)不得偷懶，拼命想法向對方籃架下進攻。(四)切實合作，用雙手傳遞。禁止：(一)長傳球禁止。(二)亂投籃禁止。(三)站住接球禁止，(四)不釘人禁止。

美籍天主教教士，郝繼隆於月之七日升神父，渠曾親來邀請設法前往參加，八日在旁邊之金科中學上彌撒禮，但格於此種環境，無法前往，擬購一能作紀念物品餽贈，藉作紀念。吳達文為天主教徒，托其代辦，擬購一聖杯，但非神父不能購到。另擬寫一信致祝賀之忱。

六月三日 星期六 晴

五時指揮籃球隊練習，至七時半止。旋閱本日各報，坐在沙發上準備上操典講堂，精神不支，倒在上面打瞌睡。十時上操典講堂，午飯後休息一小時，二時許看拿破崙本紀。四十章後，正拿翁末路窮途之際，英人待之如俘囚，令人深惡痛絕。

工部局育才公學來參觀，作乒乓足球戲。因足球踢出鐵絲網外，呂宋衛兵不代拾，亦不准士兵去檢，據稱因此與士兵言語衝突。但調查當時之一士兵，據謂並未罵，而呂宋排長遽爾詢該兵姓名。但士兵不願以已姓名相告，旋該呂宋排長白眉毛者帶翻譯來，所言均屬強詞奪理片面之言。且呂宋翻譯，口口聲聲頭腦問其姓名，士兵不告為辭，且有報告馬飛等語。余答最好，以前余早已與馬飛少校言明，打球出鐵絲網，將門開啟，由士兵一人去檢，彼輩不遵規定，似有故生糾紛意圖。彼等去後，據報該白眉毛強將參觀學生一人拖出鐵絲網外，逼其去檢球。此種野蠻舉動，余極憤恨，即令停止打球。據近月來情形觀察，呂宋人處處欲故生事端，彼輩無國籍之人民，流落中國，尚如此無理，誠可恨也。

三時半指揮甲組練習至五時半畢，繼看本紀完，拿翁憂鬱而死，可嘆，可痛。

一八一四年滑鐵盧之戰，拿翁一蹶不振。

一八一五年七月十五日，拿翁划小船至英國「貝勒羅風」兵艦，艦長美德藍，被拘送聖馬里納島。該島地小瘴深，氣候惡劣，而英人待之如俘囚，至鬱鬱不樂。寓處邏騎如織，近晚，舍外四圍皆兵矣。一八一七年九月拿翁病大漸，醫生倭米拉曰：「公苟不遊，病且莫救。」拿破崙曰：「吾惡見英人，」遂不出。醫曰：「不出死近矣，」拿破崙曰：「死何懼，吾求死爲樂耳。」於是遂摒藥弗進，曰：「人生有命，藥烏能生人耶。」……一八二一年四月，拿破崙病危，羣醫進藥，咸摒不用，……五月初三日病革，麾去羣醫，不令侍疾。

九時許就寢，十二時正即醒，以後即難入寢。

六月四日 星期日 晴

五時練習籃球，九時寫日記。十時馬飛來相談四十分鐘，對會客增加人數和表演話劇，要求工部局減少麻煩，尚未有結果。午飯後休息至一時起身，旋閱各種刊物。二時懷久女中三十餘學生來參觀，三時三兄籃球隊來，以次等球員應戰。不料上半時竟以二十比四，失球十六分之多。不得已將基本球員應戰，總結三一比二七，失球四分而敗。旋大同之戰，球員過份疲勞，總結二六比三四亦敗。

十時就寢，終夜多夢，極苦。

一般人爲上海公共租界安全問題，對吾人發生種種猜測疑慮。誠然，公共租界處於刺刀下一籌莫展之苦況，此係實在情勢。據余個人觀察，武力佔據租界，此或成夢囈，最少亦言之過早。余在七七前常言，遠東問題之解決，不論糾紛之如何，由美國轉移之成分最多。以今日情勢論，不獨證明余言不謬，且世界大勢，美國亦處於舉足重輕之地位。緣美人態度堅強，固定立場始終不移。

以余眼光判斷，公共租界工部局之改組，爲時間問題。惟改組在中日戰事期間，抑俟戰事結束，此要視工部局有關當局之努力而定。一般人恐怕萬一公共租界被日軍佔據，則吾人之生命即不保，在余認爲恐不至此。倘日人能以不顧一切出之武力佔據，吾人不外爲其勝利品之一部份。與吾人同其命運者，尙不知幾許人也。日人無論如何殘忍，總有相當顧慮，(一)中國戰事結束無期，實力消耗過大，勝利毫無把握。(二)武力佔據，促美英各民治國之怒，處處提防彼等報復。(三)吾人處此，國防如斯重視，萬一不顧國際法加以殘害，暴露其殘喘之手段，愛好和平，人類正義同情者，必大抨擊。得不償失，日人必不出此下策。況各爲其國效忠，軍人衞國，自古皆然，故對租界將來之變化，能影響吾人至若何程度，余犧牲早具決心，始終不在余意念中也。

六月五日　星期一　晴

五時指揮練習籃球，至七時半始止，八時閱本日各報，旋寫日記。十時上操典講堂，午飯後休息片刻，接錢鶴皋來航信，內心殊安慰。下午接×××來信，似有悔意。交閱書六本送回，檢查確實閱完。旋查文匯年刊，翻遍一次，加記其後，將來如需要，再重新查閱。三時半指揮練習籃球，五時五十分爲本年度第三次冷水澡，七時晚膳。九時許就寢，終夜多夢，殊苦。余自奉令撤退之始，即知今後環境之艱危，當十倍於固守四行之時，但余爲一代表中華民國國民革命軍軍人人格之一人。所有不正當有損國家民族之榮譽，及軍人人格之行爲，決本　總裁訓示。人格事大，生死事小之旨，不願稍加思維。撤退後之初期，地方人士曾有私自潛離上海之建議，但經余拒絕。因余爲奉令撤退，光明而來，亦當正大而去。

余已有爲國效忠，爲　總裁之大無畏精神感召犧牲之決心，誠意與工部局負責當局合作。不願增加其責任與困難，始不背撤退之本旨。

六月六日　星期二　雨

五時練習籃球至七時半，天氣陰沉。在床上時，聞牆旁蛙鳴，恐爲落雨之兆，果在八時微雨。九時王雲波同志來教「八百壯士」歌，交其洋伍元，囑赴內地時，路過金華代購蔣百里先生著「抗戰論集」四本，由郵寄來。午飯後臥床休息至下午一時半，二時開始看「與登堡自傳」，由上午十時起，卽落雨不止。三時上海女中學生二十餘人，冒雨來表演話劇，衣履盡濕，熱誠可嘉，約經一小時演畢。雨稍止，擬叫汽車送彼等回去，未得允許。

吾人如此環境，情勢確屬危險，國際變幻莫測，公共租界組織，將來如何推移，嘗不可知。倘在此磨難日久，結果仍逃不了犧牲時，在余念念不忘者，僅磨難時所受痛苦之不值得也。今日顧慮，卽呂宋商團份子複雜，派別繁多，查此種份子內，仍有國家觀念者，對吾人極表同情，一切能以友誼態度相處。此種份子無國家觀念者，卽彼等傾向於法西斯方面者，處處與吾人以麻煩，且無中生有，故弄是非。內中一部份子，且有商議，設法故弄是非，冀有去年八一一懸旗事件再發，圖陷害官長者。依目前彼輩情勢證之，不無蛛絲馬跡之可疑。推源禍始，一切橫逆之來，應由工部局擔負。倘工部局當局，能夠本其立場，維持其應盡責任與義務，彼白俄亦不至如斯藐視法理也。

六月七日　星期三　晴

五時指揮甲組練習籃球，至七時半止，八時查看本日各報，旋預備操典。十時上操典講堂，繼將以下各點訓示：(一)參觀人禁止隨便照相，服裝精神不振者，尤所嚴禁。(二)合作社欠賬有一人欠五元，實屬胡鬧。(三)凡參觀人表演話劇歌唱，對靜肅儀表秩序均宜切實注意，以壯觀瞻。(四)軍隊最忌結黨分派別。(五)學科自習講堂一律要參加，出操跑步偷懶者，宜自覺。(六)上操典講堂不得敷衍。

十一時半午飯，飯後休息至下午一時四十分止。三時接國光社信，據稱百樂乙組因球員生病，恐不能來比賽。四時集合球員練習。七時晚膳，十時就寢，睡眠稍好，仍多夢。

六月九日　星期五　晴

五時練習籃球，至七時半止。九時預備操典，戰鬥射擊，學理頗深，不易了解。旋通知暫停一天。十時召集准尉以上官佐訓話，對官佐精神日益渙散，不負責任，一言一動，官不成官，兵不成兵，軍人不像軍人，老百姓不成老百姓，穿軍服穿起白鞋來，種種奇形怪狀，用誠懇率直的言語詳加訓示。約三十分畢。

網球場稍加修整，本日經修三日矣。上面加一層黃泥漿，再蓋一層煤屑，恐一陣雨即無用矣。修費為二十二元，廉亦廉也。

二時四十分打彈子二十分鐘，兩星期來不曾練習，彈路不對。

三時許百樂門來比賽籃球，上半時平，總結三十八與四十二比敗。五時餘洗冷水澡，頗舒適。十時就寢，夢較少，睡眠比前有進步。

六月十日　星期六　晴

終日看書練球。下午四時粵東中學學生來打籃球。六時許劉德貞小姐等來，勸余實行禱告，余對彼等傳教用灌硬式，極不同意。余之宗教觀爲廣義的，不若彼等之狹小。觀彼等鄙視其他宗教，殊非教徒所應爾。余個人意見，不論耶穌教，天主教，佛教等，均認其含義善良，各有其好處。在余個人故一視同仁，不分彼此，但劉小姐等觀念不同，且余個性近乎清靜，以往接近多爲佛教，余對佛教頗感興趣，苦無時機研究其教義。憶民二十二年服務陸軍第一師新兵訓練處大隊長時，駐於湖南衡山，曾偕伴遊南岳山，遍遊各山廟寺，極感興味。有一笠南寺者，建築位置風景均極相宜，余曾遊此並作早餐，談及余將來願望，頗得該寺長老欣喜。但余曾言，必俟余暮年，不能爲社會國家服務時，始行擺脫家庭繁什環境，抱入山唯恐不深之願，以待餘年。

對耶穌教從前年十一月間由宏恩醫院鄺理英小姐交閱新約後，並由一傳教師講授教理約兩星期。但不覺若何心得，余對凡須發生信仰者，非經余了解其中意義，無法使余盲從。新舊約走馬看花，亦經看過，但信心毫無。以往不少傳教師用死板法，只知問余有沒有信心。余答有信心，那就得救了。復詢余，你究竟得救不得救，余答不曉得。有一次恐怕一位姓白的，年歲三十餘，反復問余得救不得救，達一小時餘。余殊不耐此種傳死教的方法。

六月十一日　星期日　晴

九時許，光華大學基督教團契十餘學生來慰勞，捐助毛巾五百餘條，錦旗一面，並作籃球賽，總結三二比二〇勝。下午三時同德女中學生十餘人來慰勞，捐助運動器具。

上午七時因第四連打排球，移交第一連。該連一部士兵，誤認爲不滿，有段海清者，此人平素不守紀律，搗亂鬧事，無所不爲。迭據各連官兵報告，一向所鬧之事，均屬彼輩所爲，經查屬實。除第一連下士鄧貴卿因爭打乒乓不遂，強將乒乓拍打破，業將其禁閉，藉資警惕外，該段海清者，余令該連雷連長將其送禁閉。但該兵當面反抗，不加接受，復將其叫來，又擅自離去。似此非嚴加懲處，不足以警其非，即找雷連長來，囑轉知決將段海清移居。倘不接受，則無同營希望。如能誠懇接受，自動前往，仍有同營之日。當轉知馬飛少校，請其在本日十二時前將其移出，業已照辦矣。

十九個月來，余爲維持秩序紀律，實費苦心。處此特殊環境下，一切處置，非已所能辦。並因時日過久，官兵精神不安，苦悶不堪。長此下去，實無法維持，故不得不在此艱苦中，想盡辦法，以便處置，冀能有所補益，維持內部秩序。惟少數新兵，不明軍隊紀律，誤認爲此種環境，可以隨便。即以合作社論，限制一人僅能欠服三角，但彼輩少數份子，竟欠至六七元之多。其胡鬧，藐視命令之行爲，於此可見一斑。余對一部官兵，無論如何，必盡力使其能求上進。此種原因，爲未受良好家庭教育，知識淺薄，在軍隊又未受嚴格訓練，致有此種不良現象，明知移居並非根本辦法，但除此別無較妥善之處置。來日方長，尚不知如何以善其後也。

十時就寢，連日睡眠較差。

六月十五日　星期四　日晴夜雨

早晨騎馬約十餘分鐘，昨今兩天，趕寫訓誡×××信，本日下午寫畢。令鄭排長照抄一份存底，下午五時和申報館胡山源練習網球約一小時，其餘一切照常，午睡能靜睡約一小時，夜眠亦安。

現內部情形，大多數官兵，稍能上進，此爲可喜之事。無論識字教育運動，與內部秩序均較前進步。但少數無知識士兵，醉生夢死，肚餓知食，飽食後一覺睡到天亮。士兵不良，基於連排長經驗學術不良，全屬行伍出身，份子複雜，精神散漫；不負責任，尤爲大病。遂至士兵無所適從，在四行倉庫時，余一人所有連排班長任務做完不算，士兵動作，作工，射手，巡夜，觀測……無不日夜親身擔任。直到現在，各連事情，苟非余一人負責，即弄成一塌糊塗。余在軍隊十餘年，始終未有片刻安閑，經常一身兼數職，每逢重大任務，必輪流到余身。余之父母及多年同事，與走江湖相命者，均言余生成的勞碌命，俗語謂，命裏注定，不能強求。余今日觀念，亦認爲如此，此時倘再放鬆，危機不言可知矣。

六月十六日　星期五　雨

九時許將致×××信，召鄧，唐，雷三連長與伍，陶兩排長五人來，將原信宣讀，約六千餘字。十二時托朱翻譯轉送，另交洋拾元，爲其零用。十一時下令釋放胡夢生等三名。

查第一連胡夢生，傅冠來，魏成和等三名，自關禁閉以來，覺悟前非，呈請悔過前來，姑念該兵等平日謹守紀律，茲從寬提前開釋，以觀後效，仰即轉飭遵照爲要，此令。

查以上三名從上月二十五日晚禁閉起，前令爲一月，現該兵等自知悔悟，故准其自新之路，提前開釋，以觀後效。

許久部擬寫一公開信致工部局，因種種事務遷延，尚未着手。查工部局此輩大班階級，誠不能用常理推測。聞渠等要求上海英國總領事轉重慶大使館，與我外部交涉，請歸還該局墊付之此間給養。外部覆以應歸還此項墊款若干，該局答復爲四萬三千六百元，財政部即如數匯來。又言至三月份止，尚差萬餘元，余曾因此致一信與該局總裁費利浦，但至今尚不見其回信。

六月十八日　星期日　晴

昨日馬飛少校來時，余業將×××回營相告，八時許白眉毛來告，將於十時抵營，抵營余詢其身體如何，答背有些痛，餘無他恙。當囑其回去休息，本日下一命令：

為令遵事，查第×連連長×××，前經令飭暫予停職，所遺連長職務，由本團附自行兼充在案。現該連長業經回營，着即准予復職，照常服務，仰即知照為要，此令。

下午四時與陳克勤打網球，極興奮，至五時半陳克勤打不動始止。夜八時×××來，所言多屬強詞奪理，此人無可救藥。俗語：江山好改，本性難移，似此，希望心已絕。在目前環境下，求其無事，倘送出長久拘禁，於軍人體面有關，故只好聽之。另交來一信，為朱翻譯送信後所寫，措辭較妥，希求早日回營。但此人仍無人格，用之必生後患，慎之慎之。

六月二十四日　星期六　晴

終日亢熱，懶於執筆，連吃飯有懶於舉筷之感，不知如何而至此。下午四時許，有白雪籃球隊來比賽，結果四一比二六勝。五時由國光社介紹胡吳兩人來打網球，至六時半始止。

七時晚膳後，微風，不若昨夜悶熱，十一時已入睡矣。

余以往常作身生雙翼，如鳥翱翔天空，旋轉高低自如之夢。此夢作時，余必感得意快慰，醒後心神安適。唯竊此二十個月來，此夢即未復作，有之亦屬極其痛苦醒後四肢乏力之惡夢。本夜得一夢，似余身生兩翼，欲飛用盡氣力，始終不得離地。心神懊惱萬分，久之余身忽自覺高飛入雲，縱覽宇宙萬物，心神怡悅。翱翔久之，因歡笑而醒。近兩月來，余精神極為慘痛不寧，夜作此夢，余殊念念余之前途也。

六月二十六日　星期一　雨

連日陰雨，氣候轉冷，夜眠安適。惟不得運動，稍感不快耳。終日閱仲躋翰君著東西洋奇察記，覺仲君為國忠誠，確有獨特處。書內有德大使館許武官句，想為在河南保安團時之許伯州也。渠為第二期同學，聰明體力一切俱優，惟待人過分用手段，傲岸過甚。此其已往失敗之因，余望其改正此錯，來日當為一良好之軍人也。

六月二十八日　星期三　陰

終日擬致杜月笙信稿，詳述劉鴻生地方協會經辦給養經過，擬在吳萃其離滬時，交其帶香港投郵，惟不知能趕及否。

下午知右旁原難民收容所之學校房屋，拆除加以修整，爲充臨時傳疫病院用，密接本營房及難民區，殊堪焦慮也。

吳達文來，轉交姚惠泉由杜月笙香港拍來　總裁皓電，對上月所發報告，貢陳意見，已令軍政部核辦矣。閱此電後，精神稍慰。

七月一日二日三日四日　星期六日一二

從二日晨起，霪雨不止，隨處積水，高及尺許，恐爲黃梅時節，至三日晚始終積。水之深，爲此二十個月以來的第一次，惟氣候藉此而轉冷，此亦霪雨之賜也。不料四日放晴，上午十一時寒暑表已升高至八六度，悶熱不堪，恐仍難放晴也。

連日閱報，外蒙戰事，有擴大趨勢，且日方宣傳，動輒擊毀戰車數十架，飛機百餘架之多。明眼人不言已知盡是空氣作用。吾人戲語唐克車爲臭蟲，飛機爲蚊子，縱然好似捉臭蟲，拍蚊子，也沒有如此便當。何況抗戰兩年來，日方實力，消耗殆盡，精疲力竭。中日戰事，已成水竭魚枯之狀，何能再受此第三者之戰事。在蘇俄方面，內在問題，尚極嚴重，歐洲問題，仍無辦法。但澤恐將成爲歐洲之火藥庫，但不致遽有大規模之戰事發生。綜上觀之，日蘇兩方，均無爆發戰事之條件，衝突能如何擴大成爲嚴重化，實成爲疑問也。

歐洲但澤問題，余認爲歸併德國，不過時間問題，希特勒的政策，當仍本併吞澳捷手段，不費一槍一彈，收爲己有，可無疑議。波蘭之顧慮爲但澤被併後，德國對走廊問題，必重行嚴厲要求，亦爲其侵略之第二目標。得寸進尺，慾壑難填。但澤併德後，能有保障，不獨波蘭將拱手讓人，英法亦當視若無覩，此爲事實必然也。

歐洲戰事之爆發，依余觀察，勢所難免，各國正養精蓄銳，磨礪以需。惟誰爲戎首，此時尚難判斷。德意固有所顧忌，英法亦無能爲力。且意德經濟不夠，墨索里尼及希特勒兩氏同爲參加第一次世界大戰人物，對戰事之慘酷，均曾親身經歷。一則受凡爾賽和約種種束縛，一則受戰事之慘痛，戰後寧可犧牲牛油，而從事武器準備，故或有超人處。乘英法擴軍程序尚未完成以前，帶嚇帶騙手段，佔據一部土地資源。余認爲此係德意基本政策，實則縱然出於一戰，有絕對把握，亦恐得不償失，何況對勝利仍屬不可知之數也。

余恐歐洲戰事，遲早必將爆發。基於歐洲情勢，欲根本解決歐洲問題，戰亦無補。中外人士，均言本年七八九月爲危險時期，此種觀察，當然出發於但澤問題之緊張。論之事實，恐不盡然。余對但澤之命運，已如上述，依目前情勢，繼但澤問題，倘不影響英法生存之問題，歐戰尚可苟延殘喘也。依余觀察，當在一九四一年間，惟戰事愈遲延，於人類之浩刧愈可怕。

八月十日　星期四　時晴時雨

連日精神感觸極重，殊不痛快，上午召集各連長談話，規定明日八一一辱旗事件紀念儀式次序。(一)絕食一日，八一二素食一日，將款濟難民。(二)停止娛樂，停止運動一日。(三)晨五時舉半旗，六時降旗。十二時一刻，全體集合默念三分鐘，並作以下問答口號。問：今天什麼日子？答：八一一。問：你們忘記嗎？答：死不忘記。問：人可以不死嗎？答：不可以。問：你們怕死嗎？答：不怕死。(四)歡迎各連官兵儘量發表演說，鼓動敵愾心。(五)口號：一，毋忘八一一的恥辱！二，臥薪嘗膽！三，誓雪恥辱！四，繼續死難同志精神！五，不成功卽成仁！六，死難同志精神不死！七，中華民國萬歲！

八月十一日　星期五　時晴時雨

五時半舉行精神升旗典禮，余先作問答口號。繼畧以吾人應以個人生命，貢獻於國家民族，只有國家民族之自由，而無個人之自由。只有國家民族之生命，而無個人之生命。其次爲生死意義，應當死則死，如果當死去偷生，實爲妄生。繼言抗戰前途，光明日益在望。最後勝利，當有絕對把握。再言去年今日，爲了懸掛國旗，吾同志曾有一百多人流血，並死難同志四名。此血當不會白流，總有一日，必有十百倍代價之事實。望大家刻骨銘心，永記勿忘。余言畢，並有數位同志，先後發表意見，約一小時畢。

余上午臥於沙法上，閱報看書，從十一時半起，余靜坐默念，爲死難同志祈禱，至十二時半始畢。旋移床上看「歐洲內幕」，冀能睡，但不如所願。

六時舉行降旗典禮，余復作問答，勉以誓雪恥辱之意義。繼述本日爲本師動員兩週年紀念，本日一切經過良好，全體官兵均能同仇敵愾。

八月二十五日　星期六　晴

德蘇簽訂互不侵犯條約以後，國際形勢大變。最受影響，陷於孤立的，就是日本。德意軸心國，把日本出賣，給他精神上至命的打擊。所生影響爲：(一)中日戰事，有急轉直下之趨勢。(二)反英運動將稍斂兇焰。(三)日對排斥第三者利益必改觀。(四)主和派來日將臨，德蘇的關係，吾人不能謂必予我國有利。但日本的孤立，此爲事實。

呂宋人自八一一懸旗事件後，處處無理。經余兩次給其打擊後，復函工部局嚴重抗議，連日態度已改善多矣。下午六時何德奎來，據稱前信翻譯交費力浦批交商團部簽呈，以吾人在此時間過久，終日無所事事，故須教以工藝，較爲相宜云云。夜放映「夜半歌聲」片，爲金山胡萍主演，余在南京曾看過，今爲第二次矣。

八月二十八日　星期一

據得情報，日人上海軍特憲和警備司令代表於十三十四兩日，在虹口會議，决議對孤軍與法院兩問題，和租界爲難。十五日即派少壯派軍人交涉。十六日，日文大陸新報等，即發表因工部局擔任孤軍給養爲辭，鼓動居留民停止納稅。十八日，余發表聲明，旋租界西區發生偽警槍擊工部局警長（英人）事件。該警長即用機關槍掃射，傷亡偽警數名，此案即告嚴重。廿一二日謠傳日軍封鎖黃浦江一小時，以便在虬江碼頭以一萬名陸軍登陸。聞敵方决議，廿三日下午佔據兩租界越界築路區域，封鎖兩租界，並以武力刼奪余等。並武力強迫租界當局，將吾人移交法院。不料晴天霹靂，是日晨忽有德蘇締結互不侵犯條約驚人消息，所謂反共同盟之日本，無形被德意志出賣，此事乃無形停頓。日人以反共公約號召世界，現此約等於廢紙。余當時已知日人今後對淪陷區排斥第三國權益之行爲，必將陸續軟化。對租界之威脅，亦當改善。因日人已陷於孤立地位，無能爲力故也。日閣將因此改組，此時亦已應驗矣。按日人移提余等企圖，事實確是如此。所進行的和平運動，由汪精衛出面鼓吹後，尙無眉目。近來常見報載日人藉招華工爲名，運往東北充軍之消息。日人以華制華政策，一方面將東北壯丁南運，另一方面將南方壯丁北運以對蘇俄。依目前態勢言，武力移提吾人，恐日人已不敢觸美英人之怒，或不至出此。但日人此種計劃，將用何種方法促其實現，尙不可知之也。

九月四日　星期一　晴

二日大美晚報登載英法對德宣佈入戰時狀態後，人心轉緊；英法因德武力侵入波土，兩國以哀的美敦書致德，限期答覆，並以撤出侵入波蘭軍隊爲條件，未得圓滿解決，英國卽以限期後十五分鐘，通告德駐英大使館，聲明類似宣戰性質之通告。三日英王下令發表海陸軍總司令，並發表對英國國民之訓諭。法總理達拉第，亦發表演說，指希特勒爲戰爭戎首，着手準備大戰。波蘭軍隊，積極英勇抗戰中，惟因德空軍優勢，破壞必重。如無英法實力援助，恐無法長期抵抗也。

在此英，法，波三國聯合對德的戰爭中，軸心國的意大利，態度不明。墨索里尼仍唱和平高調，似有靜觀戰事推移，以取漁人之利趨勢。其次爲蘇俄，大有舉足重輕，轉移歐戰之形勢。蘇俄如與德訂軍事同盟，此舉必德蘇瓜分波蘭，伸手拿於黑海，擴展勢力於巴爾幹半島，冀在地中海佔一部份勢力。故蘇俄之行動，實爲對於英法之重大威脅。唯來日如何發展，究竟蘇俄真實態度若何，尙不可知之也。

英法德三國之海陸空軍，尙未直接發生戰事，惟英商輪一艘，中魚雷沉沒，死搭客八名，傷數十名，餘得救。德巨輪白雷門，被英艦扣留，戰事當跟時間演變之。依現在情勢，倘戰事不擴展，當然英法波三國聯合對德爲優勢。但意大利蘇俄之參戰，必時間問題，不過抱觀火態度，以定加入戰爭之時機耳。如時機成熟，加入戰爭，必無問題也。

美國守中立，日本外交已陷孤立，亦宣佈靜觀事變推移。西班牙內戰才結束，無力對外，亦以中立成份較多。來日戰事之擴展，要看英國狡猾之外交手段之合縱連橫，能否拆散德意軸心，緩和蘇俄憤激情勢，使德國陷於孤立爲斷耳。

九月九日　星期六　晴

歐洲戰事，這幾天來，波蘭國都華沙，似已淪陷。波縱傾全國之力以對德，恐難挽希特勒速戰速法之計。英法尙在進行動員與準備，德潛艇極活動，重現一九一四年狀況，使英國商輪，感受極大威脅與破壞。英法似進行持久與消耗戰計劃。

華沙被佔，德如不停止行動，恐蘇俄必向波進兵，佔據波蘭東部國土，以作德俄緩衝區。觀史丹林動員後備隊，增兵西戰線，即可知其意圖。俄德如能確實合作，則蘇俄之軍事援助，必可由波蘭源源運德。英法之封鎖計劃，必受絕大打擊，故蘇俄之舉動，誠舉足重輕矣。

中日之戰，亦受歐戰影響，對方計窮力盡，無大作爲，可以半年來之情勢判斷。蘇日訂約，必視歐局爲轉移，論事實絕不可能，論情勢證例，似有疑問。日人要求英法波德四國撤退遠東海陸軍，英法倘非逼迫至最後一籌莫展，決無撤退之望。如撤退必落日人手，則英法在遠東權益，完全斷送，請求美國代管，美願否擔此重任，尚成問題。但美國必不願英法撤兵，至陷在遠東孤掌難鳴。

九月十二日　星期二　晴

上星期五，早上據霄連長報告，洗澡堂發現紙條，除馬團長外，一般官長都駡到，旋將紙條撕下，始悉完全胡說。余已不管理經費，此種紙條，顯爲兩月來，米貴煤貴，給養不夠食，食麵亦無餘款，所發生的毛病。但無知士兵，以及故意在此種環境下搗亂者，只知要食要用，不知錢從何處來，可嘆。

一般無知士兵，均認處此環境，大家沒有辦法，犯紀律，亦不能把他如何處罰。各連官長，又不負責任，養成士兵隨便習慣，平時不督責，苟且偷安，遂致不良事件，時常發現，殊堪浩嘆。

兩年來余竭盡心血，對內對外之艱苦支持，已至力竭聲嘶。使余有呼天不應，呼地不靈之痛。當余追憶兩年來經過時，觸動情感，不禁流淚，誠以兩年來之慘痛生活，何堪用言語形容。

連日精神刺激過甚，精神體力，極感疲困。迭經調查，此事乃黨仁杰施彪陳翰欽三名所為。十日下午當將彼等扣押，並將施彪嚴辦，棍責數百。但經人證明，亦始終不實說，追究至九時許始畢。

十一日將昨日收到香港回歸協會慰勞現金兩千元，支配發給，計發出二千廿五元。

九月十三日　星期三　晴

余廿多月來，所抱宗旨，以誠信待人。對外本不屈不撓宗旨，對內大事化小，小事化無，和衷共濟，能夠相安無事為上策。不料少數士兵，目為此種環境，無法可想，故意搗亂，使余苦心，盡付東流。國人奴隸性成，凡事必加嚴厲約束，始能俯首無辭，過份愛護，反而不好，實堪痛心。

九月二十五日　星期一　晴

蘇俄出兵，佔據波蘭大部國土，波蘭恐今後將成歷史上之名詞矣，觀於波國已往外交政策，此次之亡，自造其咎。唯蘇俄出兵，余於上月底，已料定其必由也，今果如所料矣。德蘇本不能合作，而且德之東進政策，處處與蘇衝突，德之覬覦蘇之烏克蘭，已非一日矣，在此波蘭瓦解之時，倘不乘德未全部佔領而出兵，更等待何時。明知德蘇互不侵犯條約，係屬臨時性質，安知希特勒今日聯蘇，明日即宣佈廢除。故蘇俄佔波土半數，事實所逼，無可厚非者也，德倘非有事於西，則此次蘇俄乘火打刼，德必不相讓。

國際情勢之演變，尚在不可知之數，四國聯盟之傳說，又由德傳遍世界任何部份。此非不可能，余已言之，惟關鍵在意，要看墨氏之方寸，而決定之也。惟依墨氏今日之立場言，當不出此。英法勝利，比之德勝，於意大利之獲益或較優良也，又何必爲人堅持後台哉。

蘇日論理難訂約，論勢並非不可能。此爲德出賣日之反共協定於先之造因也。蘇日如締約，則所生於中日戰爭之影響，前次已言及，茲不再贅。

十月三日　星期二　晴

這幾天戰事情形，湘北有日軍六師團，犯長沙之企圖，汨水已被渡，正激戰於長沙北廿公哩一帶。長沙淪陷與否，無關大局，此可斷言。

王部長所發和平言論，依情勢實現時間尚早，余茣已言之。中國被逼而戰，論理實不願戰。日人初抱速戰速決夢想，兩年來人力消耗，經濟力窮困，國際變幻莫測，已捉襟見肘。故在歐戰期內，欲有所活動，亦不敢嘗試矣。

歐戰自波蘭被德俄瓜分後，德國高唱和平，德國然業本爲但澤與東普魯士走廊問題。現在雖然付了一部代價，而所得者，已有波士之半，當然志足意滿，高唱和平之論。唯英法已與波有同盟之約，在波被瓜分而與德言和，於英法國際聲譽，大有妨礙，恐智者不爲也。

美國集中海軍於舊金山，舉行演習，且將大部艦隊長駐遠東，予日人以最大側背威脅。中日之戰，直接影響太平洋問題，有識之士，早已成竹在胸。

夜眠又不安適，不知何故。

十月六日　星期五　晴

兩年來經濟困難，一籌莫展，許多有關重要事項，無法進行，最近感於一般官兵精神不安，決擬實行手工業及汽車駕駛修理之訓練，俾將來能自求生活，立足於社會，惟開辦經費，須在五千元左右，不論如何艱苦，決定實行辦理。

本日將兩年來經過情形，尤其是經濟狀況轉告全體官兵。對清餉事只要大家意見相同，余個人毫無其他意見。因餉係大家的，現官兵已簽名要求依照政府命令，按階級發餉，余不過代為辦理而已。歷時一小時畢。長沙以北戰事，連日大見好轉，汨水以南似已完全掃蕩。此後日軍士氣，必大受打擊，攻勢頓挫，行見結束第二期戰事，展開第三期反攻時期愈益接近也。

十月二十五日　星期三

這幾天部為了四行抗戰兩週年紀念的各事忙碌，準備的事項，大體告一段落。上午大陸報記者，馮國楨君來，談了許多關於四行倉庫的話。還要求發表文章，並有電報，可交美聯社發出。下午中美日報來電話，問有什麼文章發表否。本年來發表了幾篇文章，不見各報登載。收到各界慰勞物品公佈，也不見各報發表，故原不預備發表言論。但各報又如此要求，故不得在廿六日的典禮中，預備一篇演講稿。屆時宣佈參加的人數，原計亦不過五六十人，各報記者用非正式邀請，以及邀請一部官兵在上海的家屬，耶穌教牧師，在營服務人員等，擬不擴大宣傳。

十一月十二日　星期日　晴

本日爲　總理誕辰紀念，晨六時三十分舉行紀念儀式，並精神升旗典禮。當畧予仿效總理一生爲國爲民之大無畏精神，才不辜負舉行慶祝意義。次勉以不要只求個人便利，自私自利，只知個人利益，不知團體和國家民族之重要。我們今日被羈困此間兩年餘，就因爲中國是一個弱國，所以被租界當局請求撤退，受人欺侮壓迫。不然，何至受此侮辱。而人生數十年，光陰有限，惟國家民族的生存爲無限。我們要不愧對我們的祖先，不愧對我們的子孫，我們就要以我們的血肉貢獻給國家民族和我們的領袖　委員長，做效忠國家的事情。處處應爲國家打算，歷時五十分畢。

十時各校學生團體相繼前來，並作藍排球比賽。下午演話劇，健華聯誼社並作國術歌唱，表演。三時宋僧華納影片公司上海經理李君及兩外人來晤，本係預約。據聞女人係美人，男恐屬呂宋籍。美國一般男女，態度安閑自然，女人尤富美感，即此一平常青年女子，所表現於吾人前者，亦令人處處發生優良印象。相談一小時，渠並堅欲與余合攝一照。但照相機被呂宋人留於門外，欲余出外拍照，余答容後再定，當送其一照。四時卅分舉行精神降旗禮時，渠等並參加此會，會終始去。

十一月二十九日　星期三　陰

上午得知法租界南市退下部隊，尚餘千三百四十八名，尚無棉衣。天氣如此嚴寒，如何度此長日。當即答應儘余力量，設法送其衛生衣每人一件，面巾各一條，肥皂若干箱。並言明日由法巡捕房派員攜公函來取。余即召集官兵說明法租界被困友軍困苦情形，希望大家多餘衛生衣，儘量交出，以便湊足數目轉送。官兵均極心願，踴躍捐輸，誠爲可感。彼方情形，物質非常缺乏，限制極嚴，任何人不准入。與外間通信，亦受兩次檢查後始予放行。按日報紙，先檢查後，始予送入。經濟困難萬分，分文不名，但有錢亦不准放在身上。種種無理限制，實與囚徒無異，可嘆可痛。弱國國民處處受人欺侮。不流血，不抗戰等待何時？

十二月四日　星期一　晴

晨六時半舉行　總理紀念週，規定以下數事，(一)經濟委員會組織成立。九位委員，應絕對負起責任來。(二)肥皂組組長指定李區隊長春林負責，對於原料必須儘量節省，(三)藤工爲目前學習之手工藝中最良好適合之工業，範圍已廣，所能使用之材料亦多。且窮鄉僻壤，亦能編造，望大家切實踴躍參加。(四)各組組員，一律在工作時，不擔任衛兵班及值星班長勤務。(五)合作社要大家負責監督，公家分配亦不能苟且，更要特別節儉。(六)甲組籃球隊，工藝組和合作社服務，廚房等，一律必須參加晨操，(七)法租界友軍困苦艱難情形，無理限制，舉不勝舉。(八)此次容出一部木料，私人不准取用。醫院病兵，因生火爐事爭執同營，現在無法，只有在營內暫住。(九)教育組明日開始。(十)現在到了米珠薪桂時候，惟一辦法，只有節食。有人吃麵一頓二三斤，吃飯五六碗，實屬過多，望每人節食三碗。旋鄧英因經濟委員會事略行報告。第二隊下士喬德勝因不滿以前第四連之待遇，憤而報告，旋將其解釋，近八時始禮成。

十二月十日　星期日　晴

連日氣候較為溫和，昨夜洗澡時，忽發北風，本日氣候稍冷。晨七時為甲組練習籃球，點名時始畢。

昨日聞劉淑貞小姐言，外面假借孤軍名義募捐者頗多，應發一新聞聲明。八時後即草一稿，送新聞社發。

九時中法製藥社學生十七人來比賽排球。下午有省上中，蘇州女師，愛國女校等男女學生來表演話劇。另有中華第七職業學校學生三十餘人來，並送慰勞品，惟因人數受限制，願志敏未得負責，僅將慰勞品送入，即行辭去。

十二月十二日　星期二　晴

本日爲西安事變三週年紀念日，中央規定爲民族復興紀念日。於晨六時四十分舉行紀念典禮並精神升旗禮。余作報告，西安事變，第一表現中國軍人沒有智識，腦筋簡單，信仰不堅，殘餘腐敗軍閥最後禍國害民之表徵。第二中國軍人，趕不上時代，對國家民族觀念不正確，對　領袖之偉大和愛國愛部屬之誠意誤解。繼將事變經過情形，詳加講述。對　領袖偉大精神，痛切曉諭，格守不逾，歷時五十分畢。

下午四時舉行降旗典禮，解說口號意義，一，生死事小，二，人格事大。三，本　委員長臨難不苟精神，與環境相搏鬥。四，本　委員長偉大的人格，去身體力行。五，我們要不媿爲　委員長的部屬。六，我們要以做　委員長部屬爲光榮。七，蔣委員長萬歲。八，中國國民黨萬歲。九，中華民國萬歲。解釋完畢，已時近五時矣。

二十九年元旦

一年又在憤慨苦痛中過去了！廿九年的元旦，係被困申江以來，第三次的元旦。回憶第一個元旦，官兵意志紛亂。情勢不良；第二個元旦，官兵由於內心之憤激；經濟之艱苦；殆有不堪設想之危局；時至今日，環境固較惡劣；唯官兵精神意志均較團結齊一，經濟情形，亦較優良，內部情勢，日邁佳境，殊為可慰也。

晨六時半舉行　總理紀念週，民國成立紀念，與慶祝元旦，余勗勉三點：第一現在已經開辦之工業，織襪，肥皂，編織，木工等組，所有負責人員，均實事求是，虛心學習，對各種原料，應特加愛護，保管，亦必須抱定辦得有成績，比他人所辦者優良，此須人人有此抱負，努力做去。第二已實施一月之學科，不論甲乙丙丁組，應努力勤讀，以求增進個人學識。從本月份起，增加算術一科，將來並且要加常識，歷史，地理等。凡一切事業，均由學問為出發點。沒有學問，無論很好很簡單的事，都做不好，而且會做壞。第三努力鍛鍊體力，有健全的身體，才有健全的事業。大家身體不良，故應特別注重運動，歷時五十分畢。

紀念儀式完畢後，旋即舉行團拜，地點在籃球場，其儀式先舉行升旗典禮，繼全體向余拜年，次向全體官長拜年，其次全體官兵互相祝賀。再次由余作簡單訓話，大意今天之元旦，希望每一位同志，要本日新又新之旨，以往種種譬諸昨死，今後種種如今日生之精神，團結精神，統一意志，齊向光明大道邁進。全體官兵尤要相親相愛，如同現在的團拜隊形一樣的圓滿相處，余與全體官兵共勉之。歷時一刻鐘完畢。

九時由張文元介紹各校學生百餘人來參觀，余對彼等作卅分鐘訓話。勉予現代青年，不應再患以往失敗毛病：空談理論，不求實踐。現在國家事業，需待青年去身體力行，我國五千年光明的文化歷史，早已有高深的理論，故建國立國，基礎在於全國上下，本照三民主義和 先總理全部遺教，做我們的原則，恢復民族自給。不要把人家不要的東西；拿來作寶貝；尤希望大家不獨要守住自己崗位，更要推己及人，把你們的親戚朋友都要引導他們盡匹夫之責。歷時卅分畢。

十時，廣學會梅立德刁信德十餘人來，送長短波收音機一具，口琴六打來，石人望亦來，玩木球一小時，至十一時許始去。

一時泰京中原日報記者伍毅來，談論營內生活狀況，和抗戰與國際情形一小時始畢。旋國粹偕女友兩人來，四時許始去。

三時頗覺疲痛，在沙發上聽收音機，不知不覺睡着了。

四時廿分舉行降旗典禮，參加男女學生百餘人，余竭以青年堅決信念，不要被環境誘惑；認清三民主義為中國起死回生之唯一原則，及抗戰最後勝利原則，已完全具備，而且我們又完全拿住，此時一城一地之失，非關戰事勝敗之根本，歷時卅分鐘畢。

七時放泰山電影，八時許畢，即放官兵自由賭錢，十二時止。

近數日來夜難安睡；本晚尤甚！

一月四日　晴

連日氣候溫和，已有冬行春令之狀；晨氣溫四十六，午五十八，據氣象台報告，恐上海氣候將劇變，轉趨嚴寒，而降瑞雪也。

十時據王文川來報告，渠之照相機損壞，送去修理，拿回來時被呂宋排長四號扣留，當囑雷隊長派隊值星官積極交涉。十一時王翻譯送來該照相機，據謂格來海已來，渠即囑將原機送還，旋即去，余不加理會。

本日各報刊登喜息，粵北大捷，殲敵萬餘，粵人精神，初現身手。余認爲尚未表現廣東精神，且待健兒再建殊勳，余再爲抗戰前途祝捷。

算術本日下午七時正式編組，計分甲乙丙三組，課程尙未確定。

一月十三日　星期六　晴

晨閱各報，得知永安公司被扣三職員，業於昨日釋放矣。查余告工商各界書，係十一發表，釋放在發表之次日也。

午飯時刁信德偕饒甥生另一緬甸籍之女人來見，據謂係本日搭飛機來自日本，歷時五點鐘。渠爲重整道德運動之一員，在日本觀察一般人民，生活艱苦，厭惡戰爭。在中國作戰陣上屍灰運回日本，屍灰不會說話，可是仍能宣傳反戰。且言日本重整道德數百人，有一信囑帶呈　蔣委員長，承認彼輩有罪，惟所言宗教意識極深。渠上代爲廣東人，故渠父母，尚用中國名字。

下午三時打排球，盛馬良來抄存簿上新聞，五時許青年會來放映電影，中文名平民福利，頗有興趣，近九時畢。

一月二十一日　星期一　晴

六時起牀，四十分舉行　總理紀念週，即作政治報告，將中日戰事情形詳加分析，尤把敵國內之種種危機詳細解釋。證以敵國內政外交俱到窮途末路之時，崩潰就在目前。戰事明確的判斷，夏季即可知曉。依余意料，本年內敵國必謀解決戰事，否則，將不堪收拾，日美商約，廿六即滿期，續訂尚無頭緒。否則數日後即陷於無條約狀態。以敵國百分之六十軍用原料，取給於美，恐慌之狀可知。歷時一小時畢。旋隊伍在大操場跑步十分鐘解散。

早報翻開中美日報一看，大字標題，高宗武陶希聖在香港函大公報發表汪賊賣國條約，實比之廿一條約，更爲酷厲！似汪精衛之喪心病狂，誠千古罪人矣。衆叛親離，行見其末日就在眼前。余閱竟大喜，點名後，即將隊伍集合，將高陶致大公報信宣讀，氣候頗冷，手爲之僵。

九時工部局派工來建各隊廚房，余指定地址，分派各隊位置。預定將新爐起好，即拆舊房，用原有爐蓆搭蓋，約三星期可畢。

正閱報中，知賽來，送來跳旗一付，午飯後即去，上午飄雪，旋即止。

下午聖約翰大學生數十人來打足球，余參加打半小時，無幫手，慘敗。旋比賽籃球，總結廿八比十八勝。

十時許始睡，一切如常。

一月二十六日　星期五　晴

六時起床，寒暑表廿四度，華氏表零下六度，比前日更冷，水落地即冰。上午飭鄭區隊附抄余上陳部長信，十二時許抄畢。

下午二時許申新卅二支紗三件計十二大綑，，概行運到，計二千八百元，轉知織襪組趕織慰勞襪。

大美晚報登載美國對日商約本日滿期，非日對遠東態度根本改變，決不再訂。現在過度時期，商品照常，不加抽特別稅，日軍人與日報痛駡美國，冀美國改變態度，締臨時商約。以現勢論，恐事情必不可能。

遠東問題，美國誠有舉足重輕之勢，但美國斷難出兵制日。況日本經濟尚未到最後階段也。國民依賴性過重，誠非立國之本。

一月二十九日　星期一　雨

六時起床，六時四十分舉行紀念週，報告本週兩件抗戰重大事件，一，卽汪派之高宗武陶希聖出走香港，發表汪日賣國條約，全世界大爲震動。日本欲併吞中國之野心，事實表白。二，日美商約廿六日滿期，日美從此已成無條約狀態。日本爲先天不足，經濟原料脆弱的國家，我國抗戰兩年半以來，日人之精疲力竭，外強中乾，欲與美訂臨時商約，又被拒絕，迫得走頭無路，又施恐嚇手段，窮驢末技，是否生效，明眼人當可了然。繼指示全體官兵，對辦理工業之觀念，將來關係社會國家，希專心研究，能敎人爲原則，歷時一小時畢。

自高陶發表汪日賣國條約後，委座卽發表告友邦人士和全國軍民書。辭嚴義正，申斥得汪賊體無完膚，大快人心。

下午與張文光等五人共晚膳，近八時呂宋五號派兵一名來見，謂「我們頭腦派我對你說：當內四位上課的，只有二位派司，其餘一位應在六時離營」。余詢何以四張派司僅二張，始知甲組教學國文教師二位，本日調換，未將派司交下，余謂凡余之賓客，概可停留到十一時，可照此言轉告可也，即驅之使去。

一月三十一日　星期三　晴

七時查病兵休養室，有肺病士兵五名，自廚房拆除後，即搬在室內煮飯，找湯醫官查詢，已在燒飯四五天，當大加申斥。以一少校軍醫，料理數名休養士兵，尚不能盡責，可惡萬分，限即刻將休養室整理妥當，以便檢查。

八時閱報知中美日報奉公共租界工部局令，停刊兩星期，此為昨日刊登汪日賣國協定所由而生也，工部局懦弱無能，已非一日矣。另華報自動停刊，該報想因銷路過少，按以往僅日出一大張，銷息平平，當然係內部問題也。

下午向大中華橡膠廠購膠鞋卅打，每打價廿二元九六折，另送五打，因分配不好，概送合作社出售，規定價每雙一元八角。

二月三日　星期六　晴

六時起床，洗漱後查視營房寢室，即赴操場，看隊伍操作，手足凍得發硬，近八時始回。閱本日各報，神州日報登「榮譽軍崐崙關建勳記」新聞，一切詳詳細細登載，番號，軍官姓名，戰前戰後的經過，殊覺非是。當書一函，請今後加予注意，以免無意中做了敵人的間諜。

十時馬寧泰女士託湯鼎銘君來，取何總長，蔣夫人，陳部長信，因渠本日下午赴港轉渝也。

肥皂原料，余知其中必有古怪，以往×××所買，余知必有弊端，故多方設法，托由潘君代打聽，查潘君係李宗江所介紹，大華肥皂廠職員，×所買椰子油每擔七十八元，潘所買為七十元，一桶三擔，即相差廿四元，牛油六十二元一擔，已定十擔，但×前數日發票為七十餘元，今已貴，尚僅六十二元一擔，相差遠矣。國人做事，儘都假公濟私，動手必生弊，國家社會任何事業，為公者僅十分之一二，大都落了私囊，可嘆也己。

下午雜事擾攪不停，苦極。明日為星期日，有團體再來參觀，據翻譯轉知增加人數為百人，並從五日起至十日止，按日人數不限制，據答明日無結果，五—十日，按日百人。

五時，宋福華君偕周君一人來商汽車開辦事。決定十二日開課，經費預定六千元，時間六個月，以三個月為一期。每期只六班，每班計六人組織之。七時放映「泰山」電影，閱此片五長十餘年，一切極幼稚，十年前美國電影成績如彼，十年後的今日又如此，科學一日千里，可知美國近十年來，一切進步之速也。

二月十八日　星期日　晴

六時五十分，集合籃排球隊訓練，並指揮籃球隊練習，十時一二隊籃球比賽，爲彼等作公證人，十一時廿分畢。

南寧似未克復，中央廣播電台於七時四十五分播送新生活運動會七週年紀念特別節目。不料兩次音樂節目播送後，即聞播音員言，請　蔣會長演說，一時精神興奮，不能用言語形容。可惜事前不知，而天又微雨，擬鳴亂鐘，集合官兵恭聽，但旋則聞　領袖「各位同胞」開首訓詞。余即肅立片刻，旋靜坐恭聽，故未得集合官兵共聆　領袖偉大訓詞。　領袖訓詞句句有力，字字有深長意義，聲響宏亮，越說越緊張，越聽越興奮，余聽到軍事早已十分把握勝利的條件時，不覺身心快慰。詞畢即聞熱烈鼓掌聲，余亦躍起，急趨出門探視，外播音台前見數十士兵，在微雨之下，正肅立恭聽，與余同享兩年餘最幸運快慰之聆訓。余返房後，即聞奏國歌連續二次，余肅立。本夜爲余困二年餘來第一次快慰之夜，身心興奮歡樂，不能用筆墨形容萬一，睡眠亦爲兩年餘來第一次安適也。

二月二十四日　星期六　晴

指示改造廚房式樣，工人以工部局無此規定，余謂房子做來不是工部局用，你必須按照余所示，不然，要你們改造。始無言。

黃警頑吳亦民先生擬一牙膏計劃書頗詳盡，俟容閱後，决卽撥款開始辦理。

對於學習英語，前日托吳子彬向董小培商量，余擬請其放棄一部課程，每週來教授二次，每次一小時半。時間必在上課十時前，至其辭去學校的教程，所受損失，由余補助之。上午據吳子彬來告，因其擔任光華高中與大學課程，終日無空，决設法抽出時間。

自開辦工業以來，余又增加許多工作，時間精神，均感困難。再想抽出時間去學英語，當無法辦到矣。故决招請工廠管理員一人，將來關於工廠進行事宜，慨交其負責，由余負監視之責。如此余已可省去許多麻煩，或工業進行，亦有專責也，上午擬一啓事，托李君送中美日報刊登廣告。

受傷市民，續致慰問金各廿元，另每人肥皂，襪，面巾，各兩條，附送干城學術研究會慰勞洋四十元，一共每人四十二元。余初願每人五十金，相差無幾矣。受傷除紅十字會第三分院院長陳金裕一名，尚未痊可外，餘均能繼續作工，余心稍釋。

法租界翻譯來見，據稱法當局正陸續釋放，已放十餘。確訊官將金神父路之法政學院結束歸併，將保釋四百人以上，對彼等放出後，候輪期間，必須有暫時安身之處，囑余爲渠設法，指定一難民區。余答當盡力想法，當依情形，擬一電上　委座呈明法租界羈留部隊之情形。要張文元來取，轉吳開先轉拍。另函吳同志與地方協商，設法遣送，於夜七時由張文元帶去。此種情勢，當係余去年十二月廿日，電孔何兩部長所呼籲，與法大使交涉所得的結果，吳主任委員紹澍並轉來虞澪慰問電。

夜放映火燒白雀寺電影，神怪電影。毫無藝術可言，但一般官兵，反津津有味，鄉下人儘都喜歡看神怪影片，因用中文字，幕啓即聞喃喃之語，亦可藉此增進官兵之識字教育，余稍看即回。

夜眠較好。

二月二十六日　星期一　晴

汽車訓練班第一期本日開始授課，由華振祺負責擔任教授。六時四十二分開始上課，七時五十分下課，講授綱要。余對汽車訓練組，以訓練駕駛爲目的。先從汽車引擎原理學起，再實施實習。每期三個月，計學員卅六人，概從國文甲組中選擇，分六班。

總理紀念週延至九時舉行，先舉行儀式，余卽集合訓話；歷時近兩小時畢。訓詞大要，(一)官兵四分之三體弱，畸形發展。胖的滿身是肉，瘦的面色白而黃，精神萎頓，彎腰駝背。故已令各隊速造參加運動與不參加球類運動之花名册，決用強迫運動方法補救之。(二)學習工業必從學理學起，並不是要大家去當工人，要大家學了去教人，故原料之研究與節省，特別重要。(三)負責盡職，每一個軍人，必要切實做到，已指定官兵，不論擔任工業，學科，運動或士兵之衛兵勤務，必須切實按照規定做到。(四)軍人平時要養成服從良好習慣。(五)孤軍的形成，與將來的計劃。(六)軍人應隨時隨地用偵探的腦筋與眼光去判斷環境之動態。

接市民來信報告，廿一日在公共租界外灘，見有穿軍服士兵七名，因欲搭輪赴內地不熟，被敵憲兵捉去四名，二名逃去。一名逃在某輪船公司，由華員給以便衣與盤費，請余注意余部士兵。以上五名，彼亦以爲孤軍士兵云。據查並非法租界保釋者，不知因何有此消息也。

三月一日　星期五　晴

黃永淮來信云，孫元良吳求劍等均不如意，且有重慶報載余將赴渝云云。

下午打籃球過激烈，六時許放映上星期六未完之火燒白雀寺四本，八時許畢。

本月份給養五千五百元送到，發交鄭英五千元，扣回每隊米麵款各一千元。另合作社麵卅袋，計洋二百四十元，亦由鄭英本月交清。菲律賓新聞日報記者張普生，送來由該報荷屬西里伯里協裕公司捐助慰勞荷幣一百盾，折合國幣七百廿八元二角八分，當給回收條，囑將支票送中國銀行入余戶，並書「協裕公司紀念華僑胞以實力幫助祖國完成抗戰建國的偉大使命」一下署余名。馬尼拉婦協匯壹萬元，尚無收到。

法租界住金神父路法政學院之段靜齋，係諸處負責者。本日保出來晤，據謂連日已保釋廿餘人，均住在友人處，無法赴內地。並送名册二份，計三百餘人，批轉開先按次保釋，余送其零用洋卅元，囑其同去對留營官兵說明，未辦妥手續前，切勿遽行出來，以免流落上海也。

三時許溫醫生官來報，祝梁棟已死，當令伍杰負責處理後事。轉飭趕快行消毒，聞工部局得報，即飭衛生處將尸首移出，余堅決拒絕之。此輩苟且敷衍，視人命如兒戲，憤恨萬分。由中華殯儀館收殮後，移置大禮堂，批與四行倉庫陣亡，與八一一旗桿事件死亡將士，及楊瑞符營長，以次病歿將士，一齊舉行一追悼會，正分頭籌備中。

精神易受刺激，致夜眠又不安。

三月三日　星期日　雨

九時正集合班長以上在大禮堂訓話，（一）祝梁棟同志由病重至死亡，余之計劃處置意見。（二）做事不能慌慌張張，曾文正公治兵語錄云，打仗不慌不忙——辦事處無聲無臭——沒有命令，你們亂七八糟，準備些什麼。

上午東吳大學附中學生卅餘來參觀，下午私立中華女子中小學學生四十餘來參觀。

七時找勤務兵不來，又見衛兵不盡責，大怒申斥。

晚報登美國務暫辦威尼斯赴歐調解戰事，已成泡影。羅斯福總統已同紐約，簽署增加出口信用放款一萬萬元。廿八年兩千萬，挪威一千萬，瑞典一千五百萬美元，但對我國尚未簽署，恐尙待詹森大使，此次視察的情報，始能確定也。

夜眠不安，時好時壞，殊慮。

三月四日　星期一

大禮堂因停放祝梁棟棺，　總理紀念週改在第二隊講堂舉行。余報告：（一）中日戰事與國際之關係，英美法蘇四國大使集重慶之必然性，與影響遠東之戰局。（二）創辦工業於孤軍本身，國內外數千年之觀念，極關重要，務必實實在在，精益求精，亦可說為孤軍之第二生命。（三）訓練體質之辦法，即不論天雨冷熱，不限地時，不斷運動，身體必然日益進步。少數不參加運動官兵，用強迫辦法實施之。（四）衛兵要當心，起床窗戶要開關。七時四十分畢。

上午要李先生赴普善山莊問：（一）以往在巡捕醫院病死之士兵十名，埋葬地點和豎立石碑否？祝梁棟同志之尸首，請派人護運。

五時法租界寫名冊，兩處計四〇一名，交張文元轉朗先，另函附言其中情形。

夜眠稍好。

三月五日　星期二　雨

晨批一致普善山莊公函，請其將前後傷歿士兵十名，併葬一地。並各豎一石碑，以便他日歸葬，以資永久。祝梁棟下午一時移葬，全體官兵集大禮堂，由余主祭，先行三鞠躬禮，次由余上三香畢，開始移靈。全體官兵集合自大禮堂門首起，至二門止，站立路右側。另派伍杰李春林率兵卅名，導柩至第一門即呂宋兵住房前空地。柩出大禮堂即鳴爆，全體敬禮。另一隊即前導，待柩出第一門到馬路，儀仗隊即回。在此時內一二兩門概行開放，呂宋官兵俱行敬禮。對此計劃，孟少校依照余意，不加留難，余感其誠意。惟渠已小心翼翼，深恐吾人乘機生事，請余負責維持秩序也。約廿分鐘完畢，大禮堂用煙與衛生臭水石灰消毒，官兵均覺滿意。

接國粹自金華來第二次信。

夜眠安，惟時醒耳。

三月七日　星期四　陰晴

晨閱各報，昨日發出消息，各報均無刊載，不知何故。恐工部局有阻礙也。打電話詢朱圭林，據謂明日可以登出，因為新聞稿擁塞，比較不重要新聞，予以擱置也。

正午益少校來，據謂右邊空地，即將開始動工建築學校。第二層鐵絲網亦須移入，馬棚亦須遷移，特先通知，恐如前次生誤會云云。余言，營內一二月電燈費若干？請其通知，以資節省。又商談大操坪門提早展遲，旋即決定一律於早晚六時開放。

不知如何，晚上睡眠又不好！

三月十一日　星期一　晴

七時許，董小培先生來教英文，讀變音字母五字，頗準確，八時半辭去。以後一三五來教一點鐘半。

紀念週改在九時舉行，余作如下訓話：（一）體弱者開始應注意運動。（二）環境複雜，入營來賓應特注意。（三）球一律放團部。（四）見面或辭去揚手，係外人之禮貌，參觀人臨去時，與大家揚手，大家亦可揚手答之。（五）任何技術運動，均可學習。（六）信教自由，但我們屬國家軍隊，從下星期起一律限制只准星期日上午九時至十一時做禮拜。

十二時拍照兩打，二時許正拍照間士兵做工，與呂宋兵打起來了。余恐勢態擴大，亟行制止。但呂宋兵已打傷兩名，惟均屬輕傷耳。不久孟少校來，談了許久。余謂俟查明後懲處了事。惟呂宋兵短棍一根，已被士兵奪來一枚，旋派朱翻譯來討，五時交還。登報聘請肥皂牙膏汽車等技師，徵求機器汽車等，招標夏季服裝等，先後接踵而來，應接不暇，終日未停，困頓萬分。

下午七時許收聽中央播音，得知明日爲國民精神總動員運動週年紀念日，晚七時重慶時間，上海時間爲八時，有重要演說。重慶時間九時廿分，葉秘書長演說。余判斷八時必爲委員長訓話無疑。上次錯過一次新生活運動，千載愉快機會。此次當集合官兵恭聆也。

夜眠二時醒，三時許始再睡。

三月十二日　星期二　晴

六時廿分舉行　總理逝世十五週年紀念精神升旗典禮，作以下報告；　總理創造民國之艱難。四十年如一日，致力於國民革命工作。吾人紀念　國父逝世，應仿效(一)遵照　總理大無畏精神負責盡職。除以國家至上，民族至上，達成軍人衛國天職外，個人卽無權利可言。(二)革命的事業，要在最艱難困苦中表現，我們不獨要把孤軍以往名譽確實保持。尤要發揚光大，就必須遵守　總理致力國民革命的精神，愈挫愈奮，百折不撓的向惡劣環境搏鬥。歷時五十分畢。

上下午均有團體學校來參觀，下午來參觀的學生百餘。打電話孟少校，答准許九十人進營。伍杰向翻譯表示，究竟工部局要把孤軍留到什麼時候？呂宋六號照此轉告，呂宋依文諾夫，以問題過嚴重，不敢轉達，可詢謝將軍與何副總司令辦之。旋周來，余謂並非如此意思，伍意爲看工部局限制孤軍營參觀人數，能限制到幾時。

五時舉行降旗典禮，有學生五六十參加，另焦超在旁拍照。余以中國近百年歷史，自鴉片戰後情形，加以分析。勗勉官兵「成功成仁」不可分之理由，與軍人衛國之天職。歷時二十分畢，旋學生兩名演講，並爲全體官長拍兩照。

七時五十分全體官兵，集合在放大器前，等候恭聽　委座訓詞。播音器極清晰，而聲浪亦極宏亮。八時零三分卽聞音樂奏歡迎樂，全體肅立，知　委座到達也。開會卽行開始　委座訓話約卅分鐘。全體恭聽畢，高呼：振作精神犧牲奮鬥，蔣委員長萬歲等口號，直至一切完畢，時已九時一刻，始解散。

夜眠如常。

三月十三日　星期三　晴

七時讀英文，改正讀音，八時半畢。

馬坊改造，新墊垃圾。因地位不對，囑將改正，已照辦。三時見將新房拆卸，詢之爲重新改做也。

四時聽大美播音報告，蘇芬和平簽字矣。蘇聯目的已達，而所謂友援之英法美義，均屬口惠而實不至！瑞典，挪威又拒絕予芬便利，美國借款，又不准購買軍火。在此種情形下，非和又將何若也。但芬蘭總算能以對方相當代價，比較比捷奧，已予世人較良之印象也。

蘇芬停戰，上海鐘點，下午八時生效。其與中日戰事發生之影響，依余意測，相當有利我國無疑。但以蘇俄不參加歐戰爲原則。最少蘇俄可以集中一部份陸空軍於遠東，使敵方不能不以相當兵力集於東三省，減弱戰場上之兵力也。

三月十七日　星期日　晴

六時十分舉行　總理紀念週，報告一週戰事消息。僞政權的成立，尚遙遙無期，周佛海的談話，歡迎中日直接媾和。他們不妨礙，亦不反對。在中日未媾和前，他們完全爲國家立場，爲淪陷區域內之民衆，想法減少其痛苦，云云。蘇芬停戰與遠東戰事所發生之影響。繼言營內情形；(一)想法儘量節省電力及水。(二)凡規定任何事項，必須用盡方法力量，始終按照去實施，大家能如此，縱然規定不妥當一致實行，亦成妥當。(三)鐵絲網內主權應屬吾人，任何人不得顧問。故入營的人，必得吾人允許，不然，一律禁止。(四)運動以來，咳嗽吐痰，已好多了。(五)話劇表演，應有維妙維肖之姿態，才能引起觀衆之興趣。(六)傳教問題，他們不了解「真理，」只知聖經片面理論，「去本求末」認識不清。無國家民族觀念，只知信仰上帝，不能說是一個耶穌教信徒，歷時一小時又廿分始畢。

入時閱各報啓事，本日擬發表一談話稿，鼓勵市民，踴躍捐輸。

九時各學校學生，紛紛來營，均自行入營。十時開始表演話劇，至下午五時許始畢，人數達百餘。華東聯合女中學生，由上午九時表演及參觀至五時許始去。上海青年之苦悶，以此可知。尋求精神食糧，除本營外，孤島卽無地方。二時許尙有來賓百卅餘人，余卽令打電話冠生園送麵包來，每人兩個。人數過多，合作社麵條，亦無法供給也。話劇表演，華東女中，藝聯電影社，孤軍劇團，表演「流寇隊長」分三幕排出。友聯按照中央廣播劇情，演出汪精衛與陳璧君，令人發噱。

七時閱晚報，大美，大晚，新聞報等，除廣告外，概以新聞照樣刊出。且標題均用特別注目者。

夜眠四時許即醒。

三月十八日 星期一 陰晴

五時半起牀，六時半開始練習英文，七時一刻董小培先生來，八時半去。

晨報，概有新聞登出，大美報余因其廣告地位狹小，未交刊登。但該報特別用黑圈刊出。新聞報大概因廣告篇幅有限，未見登出。中美新聞標題爲「正氣長存」，大美爲黃花崗烈士紀念日爲標題。中華日報，以往呂宋兵毆打市民與本營體育消息，亦全部不敢刊出，恐觸日方之怒也。呂宋兵毆擊市民一案，新申報亦按期刊登。

關於開追悼會一切手續均待籌商，祭文由李宏生送來好幾份，但均屬平平。且陣亡，殉旗，病故分別祭文，實嫌累贅。且祭文有關孤軍精神，應加注意。決請潘公因先生代撰，另無適當人可撰也，當修一書托張文元親送。

張文元下午送來赴鎮海船票卅一張。但已保出之四十餘人，因無處安身，而生活亦發生問題，均已分散。有加入游擊隊，做工，充巡捕者，無法找尋，船票復送回。

三月二十八日　星期四　晴

終日忙亂，至夜九時尚寫標語輓聯詞章！本晚舉行典禮演習，神堂尚未佈置妥當，限令本晚完工，加賞工友五元。十二時後始畢，一切準備，統限本晚妥當，十一時許始就寢。

昨夜召集班長以上詳加規定，本日就營房地圖，演習完畢後，復集合班長以上分配任務，並作種種必要準備。如情勢不良，吾人被逼奮身而出，亦無可奈何。當令各隊按照任務分頭進行。第一步由明日上午八時起，派楊區隊長德餘，率兵在第一門監視呂宋兵，以招待來賓為煙幕，各懸招待證章。第二步如呂宋兵阻止來賓入營，用和平方式解說之。來賓入營，絲毫不生事端，由周長質完全負責。不然，即派兵四名，監視第二門，不准關閉。第三步派楊王兩區隊負責解除武裝，詳加指示，十時許畢。

三月二十九日　星期五　微雨

昨日下午五時，孟少校來，據稱營內有爆竹大小數百，警務處條件，租界內平時禁止放爆竹，恐生誤會，請將軍為其幫忙，特別轉知。余一口答允，渠感激不盡。孟少校乃一忠厚人也。

全營準備，楊率兵六名，負第一門責。如呂宋人拒絕來賓入營，由陳區隊附派兵四名，監視第二門。楊區隊歸陳區隊附指揮。倘呂宋兵動武，則準備第三步，楊區隊剩餘部隊，應集中休養室與耶穌堂；第二隊之主區隊，應集中機廠肥皂工廠，爲負責解除呂宋兵武器部隊。官隊之錢區隊，負責突破大操坪通馬坊之門。留一班由劉區隊附指揮，援助王區隊解除第一瞭望哨武器。餘部由錢區隊長率領，向通呂宋兵寢室衝進。李區隊長派兵一班，散開於網球場，用石塊援助解除瞭望台武器。唐副隊位置於網球場指揮之。錢區隊亦同剩餘部隊由官隊長率領，集中金魚池旁。雷隊之陳區隊以一班監視澡堂外馬路。所有外面動靜，由伍副隊長負責，隨時詳確報告。餘三班由陳區隊長率領，集中合作社與廚房旁，候令調遣。江區隊由雷隊長指揮，在小公園與籃球場集中。官隊準備格殺器具，放於耶穌堂。雷隊放於該隊講堂，陳區隊放於倉庫，負責解除呂宋兵器之楊王兩區隊，統歸楊區隊長指揮。楊負責解除呂宋五號武器，並破壞電話。

八時以前尚細雨濛濛，八時後即逐漸開晴。而市民參加之學生即陸續入營。進營至一百廿八人時，即由王來報告，門口尚有數十人，呂宋五號以超過限制，請示團長。余已令楊區隊長率兵到達前門，即謂賓客一律准予入營，一切責任由余擔任。九時余即令周值星準備開會，門內尚存有學生百餘人。囑翻譯轉告，呂宋五號，放入者俟開會完畢，卽請來賓同去。該五號不敢負責，余卽令官隊長派兵將二門監視，等候之百餘人，概行帶入，旋卽開會。在開會時間內，尚陸續有人入營。約一時四十分會畢，孟少校已在大禮堂左等候。據謂營內已有四百餘人，現典禮已畢，超過人數，卽請同去。卽轉知官雷兩隊長，請來賓盡量同去。而孟少校在房坐了半小時，門外的客，又陸續請見，旋渠要求余偕渠參觀可否。余答可以。當偕赴營內與大禮堂參觀。抵禮堂時，渠卽舉手敬禮，余向其致謝。余盡力安慰請其放心，決不發生事端。許久始出。但十二時王來報，孟尚在呂宋人休息室坐候，余卽囑其轉告無多顧慮，決不會生不良事件，請放心可也。後王來報，孟少校臨去時，入營來看，見羣衆均坐觀話劇，卽言秩序極好，始去。

十二時後因連日繁忙不堪，每夜又僅能睡四五小時，故卽倒在沙法上休息。約二時起來。據謂呂宋人來者一律放入，不加留難。現營內已有六七百人云云。余因恐人數過多，滋生事端，故囑雷隊長請上午入營之羣衆先回。

上午九時半開會，國樂隊奏得極佳。本日精神極痛苦，獻花果時，余已不能忍耐，極力鎮靜神經。雖未放聲痛哭，而淚已奪眶而出。及至演說時，余以吾人爲紀念革命先烈，決遵照先烈爲國爲民之精神，不避任何艱危，搏鬥到底。本團陣亡，殉旗，病故諸先烈之爲國爲民精神，雖不敢與先烈比，但吾人應依從先烈遺志，克盡厥職。孤軍官兵，爲受　委員長陶練之軍人。吾人決不負國家民族之培養，與全國同胞之期望，及　委座之教訓，始終奮鬥到底。孤島青年，今天踴躍參加本團追悼大會，望一切從實踐方面努力。智識青年爲國家之中堅份子，社會民衆之先鋒，青年應有冒險精神，見義勇爲，當做則做之，決不要多顧慮。至若成敗利鈍，更不必多考慮，只求於國家民族有利，不妨盡力而爲之可耳。來賓有數人演說，最後家屬答詞，奏樂禮成。

三時許四百餘學生，咸要求余訓話。卅個月來，每次學生來參觀慰勞，總要求訓話。本日學生已如此衆多，機會難得，即作簡短演說。首先報告戰事消息，內地軍民精神之緊張，各部門進步之速，出乎一般人意料之外。青年肩負國家重責，一言一動，應以國家民族利益爲前提。古諺云，修身，齊家，治國，平天下，首爲修身，故青年應有可敬可愛之姿態，必須先從衣食住行方面着手，檢點充實自己。青年意志不堅，易受環境衝動，應站立國家民族之立場，百折不撓之意志，向前奮鬥，請大家努力。

表演話劇有孤軍劇團之「四行抗戰」，一八一一殉旗藝聯劇社之「海上春秋」，」婦女互助會及某團體表演「文天祥。」六時畢，學生始紛紛辭去。

終日食素，晚飯與學生及在營幫忙人員，在耶穌堂共餐，十時後琳雨至天明。

三月三十日　星期六　雨

本日是汪精衛在南京成立僞政府的日子，聞租界警戒特別嚴密。鐵絲網，警備車，戒備如臨大敵。上海學校概行怠課，反汪運動除越界築路外，無掛旗者。但虹口與滬西，亦處於強力壓迫之下，無可奈何，不敢不掛也。

昨夜八時，上海時間，林主席在渝廣播訓詞。對汪逆申斥，可惜收音機，雜音過多，有時聽不清楚耳。

下午放晴，打足球半小時。

四月一日　星期一　陰晴

昨晨六時一刻舉行　總理紀念週，報告汪逆在南京之僞組織，依歷史證之，存在時期絕對短促，必然消滅，可無容注意。革命軍人的精神，要在最艱苦中，始能表現。繼規定無論任何操堂，一律不准戴軍帽穿軍衣。瞭望監視哨，責任特別重要，應小心注意。廿九日守二門士兵應嚴懲，衛兵交班，一律到時交代，不准交班去吃飯。桌櫈毀壞，零件應收存。

上午中國婦女補習學校來慰勞，致送三百餘元現金。該校學生，多屬家庭婦女，在大禮堂她們要求余報告，即報告孤軍日常生活。及孤島青年婦女，應如何始能對國家有補益，歷時四十分畢。

下午民立女子中學百七十人來慰勞，表演話劇三幕。

四月九日　星期二　晴

上午由吳子彬轉交來吳達文轉家信一封，驚悉母親病勢沉重。夜晚小肚臍作痛，終夜啼哭，無法醫治，家中又預備後事云云。閱竟不禁痛哭。余行年卅餘，既無兄弟，而姊妹又完全出嫁，父親年高，家中如逢大變，何以應付。依余命理，本年三九月內不幸，諸宜當心。似此情形，母病恐難告愈。兩年餘來，行動已失却自由，際此慈母病重，尚不能侍奉左右，私心之慘痛，非可言宣。念及余之前途，尚茫茫非可逆料，生死非所計，特未能與慈母一面，誠終身抱恨。父母一生忠厚誠樸，余數十年凡事憑良知處事待人，問心無愧。對國家民族，一本忠誠，蒼天亦肯念余，使余母能早占勿藥，俾他日尚能母子一面也。

下午拍一急電，囑卓武設法專車送梅縣美國醫院診治，並言余痛失自由之苦。

七時紹澍兄來晤，八時辭去。

四月十日　星期三　晴

六時正與兩友晚餐之際，交通部電報局送來電報，急找電報號碼，驚悉母親於十二日晨壽終，哀痛欲絕。似此余九日所拍速送梅州美國醫院醫治之電，已不及矣！痛哉，終夜盤算善後事宜。

夜眠不安。

四月十五日　星期一　晴

六時起牀，函啓李宏生擬分日登出，故本日僅登出大美，中美，申報三家，囑李君轉告各報館接續登畢，後隔日可也。

八時許書一信快郵寄卓武，擬電匯陸百元。但不果，改作郵匯，每次僅限二百元，時期須一月後始到，當然緩不濟急也。復拍發一電，囑卓武在抗戰期間，切勿鋪張，簡約節儉，用普通電拍發。

四時許聽大美晚報廣播電台報告新聞，意大利海軍出動，似在巴爾幹半島有所舉動，英意所爭地中海霸權，且英法與土耳其之協商，均可予意德以威脅，倘意首相墨索里尼，又乘北歐戰爭緊張之際，發動巴爾幹戰事，則世界大戰，必使美國加入戰爭無疑。歐戰越擴越大，時間越久，損傷越大；於蘇維埃社會共和國之共產黨赤化全世界之野心，利益愈大，因此世界前途，尚難逆料也。

四月二十一日　星期日　晴

八時翻閱各報，僅篇幅較多之申新兩報刊登「母逝感言，」其他各報，概不見刊登只字，當因余限定登必全文的原故，新聞報登出字較大，申報篇幅較少。

下午二時左右，敵方飛機，在營房上空盤旋，飛行頗低，二時許大廈，大同，東吳三大學，學生來慰問。正在比賽排籃球時，敵機又從西南方向東飛，經營房東南方飛去，即不見復來，余恐各大學有少數不穩份子，故意播弄是非，因此敵機派人拍照，用以與工部局維難之藉口，當要新聲社發新聞稿，以追悼余母喪，預作敵方抗議之對付。

四時三大學學生與大任小學校長率領小學生六七十人，共舉行一簡單隆重之追悼儀式，各校代表，多加慰唁，大任一小學生，頗活潑可愛，天真誠摯之熱誠，使余又觸動情感，不復自制。余答詞，余謹向諸位同學致謝，余誓以至誠，矢忠報國，以謝諸位之盛情。

散會後余與戚校長談上海歸運情形，六時始辭去，

夜又失眠：

六時的紀念週，由余親自主席，報告指定雷隊長負責，上週紀念週，適爲余得悉，余母

仙逝電之次晨，未參加，由官隊長主席並作報告。

四月二十八日　星期日　晴

晨六時舉行紀念週，由伍杰作報告，余禮畢後，復作以下訓示：一，飯不夠食，由於國家貧窮，我們要犧牲自己，爭取國家之光榮。二，腹部過大的官兵，應儘量從運動補救，三，工業應互相監視，不生絲毫弊端，四，熱要熱得，冷要冷得。五，升級標準，完全憑犧牲精神確定，約卅分畢。

十時各校推派代表，關於慰勞代金分發米票經過情形，商談一小時。先由各校代表報告散發經過，有松江女中教職員反對公開參加，係由學生自動辦理。旋余作簡略訓話，勉予青年做事，要實事求是，抗戰縱然勝利，百份之九十以上貧苦無智識同胞，如不能想辦法教養組織，國家亦無從希望。因此今日之青年，應從最下層去做工作，此次很少的代金，做了很多很實際事情，此余要向各位致謝意者，十一時一刻畢。

明日本為余三十六生辰，唯遭吾母逝世，原定計劃，決即取銷，但預定發官兵慰勞金，決即在困難中照辦，已發去二百零六元，下午張樑奎鄭小培瞿兆鴻三人，送網球拍一枚，無法推辭。

五月一日　星期三　晴

本日勞動紀念節，六時舉行精神升旗典禮。余謂勞動國際神聖紀念，由國際無數勞工，在資本家層層壓迫下，艱難困苦，奮鬥犧牲，始得在五十五年前的今日，被全世界公認爲國際勞動紀念日。發動在美國成立三三制，爲八小時工作，八小時教育，八小時休息，中國處於積弱的地位，工業大部操於帝國主義者手中。人爲刀俎，我爲魚肉，我們要紀念五一勞動節，必須仿效前人奮鬥的精神，發揚孤軍光榮令譽，四十分畢。

五月十八日　星期六　晴

本日爲母安葬日期，余對吾母一生養育之恩，至此未盡絲毫孝道，惟望來月有侍奉吾父餘年之日。不然，爲了國家民族，蒼天亦當爲余處境見憐。則吾父吾母，亦可瞑目於九泉也。

爲減少精神創痛計，上午整理官兵測驗花名册，午膳始止。上海氣候，昨日陰，下午四時後微雨，本日放晴，天朗氣晴，熱度增加爲七十六度，不知家鄉氣候若何。

襄陽克復，足證總反攻時期將近，當佇待佳音。

五月二十八日　星期二　陰晴

上午料理瑣事，十時閱報，即有瞌睡意，在沙法上臥了廿分鐘，即起來午飯。飯後戚校長來，相與坐談，晚飯後始去。

五時半　先生養「廿二」電開，吳開先同志轉送謝晉元同志陷電　望堅忍自重，不必以外人之態度惡劣而急燥；應該不亢不卑百折不撓堅持到底為宜。二年餘來余之所作所為，完全遵循　先生平日言行，身體力行。至今對照，益覺余以往完全與　先生意旨，絲毫不悖也。而民廿七年六月廿日收到　先生皓一「十九」電開，譯轉謝團長晉元由錢鶴皋轉：五月三日函悉，尚望忍受一切艱苦，以維國家榮譽，至所陳各項意見，已交軍政部辦理矣。中正皓川待恭。而民廿八年九月一日奉陷電開：謝晉元弟，篠電悉，諸君孤懸海上，堅苦支撐，已對英美嚴重交涉，決勿使引渡，中正。

六月十六日　星期四　雨

天已久旱，昨今兩日下雨，農人當喜形於色矣。五時一刻舉行　國父紀念週，余報告國內外大勢，旋訓勉官兵，不論情勢若何，絕對不准發表任何主張及意見。要有不為威屈利誘之決心。對內必須廢除成見，開誠佈公，團結一致，信仰長官，渡過此種艱難困苦之難關。六時四十分畢。

上午雨未止，營內泥濘不堪，午睡如常，晚報載，巴黎十四日陷落。第一次世界大戰場之凡爾登亦於數小時內淪陷，足證法陸軍實力微弱，馬奇諾恐亦難久守矣。依余意料，法國戰事，月內當被德軍摧毀，下月德卽將北指，唯是法國瓦解，法屬支那，必成日人囊中物無疑，國際變幻無定，影響於中日戰事殊大。

六月二十二日　星期六　晴

本日委在營服務兩年餘之吳子彬爲本團中尉體育教練，支五程薪。

吾母於五月十八日逝世，不知如何，尚不見來信，懸念殊殷。

星期日與數友人共晚餐，聞法租界徐家匯難民區由日僞接收，居民紛紛搬遷之消息，今已證實。

星期一終日落雨，上午接卓武信，辦理吾母喪事之十七十八兩日，天氣極好。十六日以前，淋雨月餘，十七，八，九，忽大放晴。廿日又大雨。誠幸事也。共用去三千二百餘元，委員長電匯五百元作奠儀云。余誠無以報　領袖殊恩。惟父親又因操勞過度，臥病多日，心殊怏怏。當即拍發一電，請卓武轉商移住縣城靜養，並即專函稟明意見。

星期二終日落雨，農人缺水，現已有餘矣。國際變幻，法國完全接受德國和平條件，條約計廿一條頗苛刻。英國極感威脅，越南受壓迫，停運貨品，緬甸恐亦將受同樣封鎖。我國國際路線截斷，軍火接濟，必受絕大影響。宋部長赴美，不知尚能有所補救否。

七月六日　星期六　晴

晚間趕擬呈　先生電稿，交李君送往，繼集合官兵訓話，歷一小時半始畢，今夜又遲至午夜始睡。

七日晨五時舉行精神升旗典禮，由唐雷報告國內外情勢。八位上士演說抗戰三週年經過。上下午多休息，下午五時舉行降旗典禮，參加學生五十餘人，余作演說廿餘分鐘。終日細閱　先生告友邦書，軍民書，黨員書，朱部長家驊所發表的着重精神言論，實最符合目前抗戰情勢需要。

七月八日　星期一　晴

近來因爲天氣常在八十八度以上，氣候過熱。懶於寫稿。精神大部貫注於運動上，遂一，三，五，由董小培君來教英語。二，四，六自習。記憶力頗差，尚無著顯成績可言，生字記得少，故鮮效力。九日情形如常，十日各報載，七七紀念，日憲兵便衣攜武器入美軍防區被扣事，據日方發表，十六名中，有三名受傷。以侮辱全體日軍爲名，向美防軍抗議。惟美防軍所發表聲明，則爲日便衣憲兵十六名，攜帶武器，未事先知照，必須加以扣留，內中三名抗拒，確受微傷。日在虹口屢次鼓動反美反英宣傳。滇緬封鎖事，英加拒絕，至日人扣留盛京輪，又在福建海面海軍砲擊英商輪，兩艘受傷，且傷亡六人云。

日軍宣傳加強羅馬柏林軸心，改變外交政策，加入歐戰漩渦云，似爲恐嚇英美手段。

七月十五日　星期一

這幾日氣候特別熱，而受太平洋巨風之波動，風勢頗大，時雨時晴，但天氣仍然悶熱，常在九十以上，晚上較好。

晚報上放了許許多多和平消息，香港國際社電，以德大使陶德曼博士已抵重慶，調停戰事，新加坡行政官瓊士廣播演說，英駐日大使克萊祺正利用談判滇緬路封鎖事，以最誠摯之態度，調停中日戰事云。英上海大使館亦不加否認，余以爲任何國調停均可，當不違中國領土主權完整之原則。

八月十一日　星期日　晴

本日為八一一懸旗慘案兩週年紀念，昨日發兩訓令，指示紀念注意事項，賞負傷官兵甲等拾元，乙等七元，丙等肆元，其餘二元，官兵一律，並加慰勉。

全體自動絕食一日，八月十二十三兩日茹素，停止一切娛樂。本日十二時一刻舉行默哀三分鐘，早晚均於五時舉行精神升旗典禮。問答去年與今年同樣，絕食亦同。

中午一刻默哀，鳴鐘一百十一響。溯當時白俄衝入營地，為第一二兩隊，第四隊在外擔任警戒，白俄之壞，由於內部份子複雜，尤以依米諾夫少校為戎首，項塘為主動。

計白俄分四隊，第三隊為義務隊，按日擔任警戒之六班，一號與四號屬第四隊，二號與五號屬第一隊。三號與六號屬第二隊。最激烈者，為第二隊及第一隊之五號，唯其時三號顧志敏假期未來，第二隊駐中央銀行，第一四隊駐外灘六號。

八月二十五日　星期日　晴

晨舉行紀念週，對練習演說應有之認識，加以講述，七時半畢。十時有青年會施幹事來。據謂有印度革命家一人，新近自美過滬赴渝回印。此人思想學問均優，對我國抗戰尤表同情，擬來參觀。十一時抵營，余以數問題相詢，據答均極準確，當請其與官兵談話，詞句警惕，約廿分鐘辭去。

十月一日　星期二　暴雨

終日狂風暴雨，營房內外，積水之深，三年來第一次。所有行路，概被水淹沒。網球場全部被淹，越落越大，至晚十二時始止，恐此次大雨，農民必受害也。

下午一時有光明襪廠男女工五十餘人來參觀，雨大風狂，水深及膝，尚不辭跋涉之苦，來此演話劇慰勞，此種熱誠，感人殊深。五時十餘代表來坐談廿分鐘。余感其熱誠，因尚有數十人未得一見余面，冒雨踐水赴大禮堂致感謝意。等汽車遲至七時始辭去。余囑雷唐兩人，加意招待，無物以充饑，將餅乾一大箱，囑分贈各工友作點心，每人尚能分得七塊。國家之建設，全憑對農工生活能否解決，組織訓練之能否完成，以定一切。

雙十節　星期四　晴

六時舉行精神升旗慶祝典禮，余報告　國父創造民國，與先烈之大無畏精神，吾等今日應當效法，以一當十，十當百之精神，去奮鬥犧牲，才不負舉行紀念意義。

上午參觀慰勞青年，踴躍參加，而人數被限制僅一百三十人。馬路上排列了許多青年學生，不得入營，內心憤激。但十一時何德奎來，亦無絲毫辦法也。下午有百餘人，足足等了三小時，尚不能放入。已入營者，再三請求先出，趕亦趕不出去，有何辦法。四時余無法，將所有來賓集合演說，希望可以退出，結果僅去廿餘人，馬路上尚餘百餘人。四時半，匆匆舉行降旗典禮，一刻鐘畢，余作最勉詞，但來賓至五時半始見去。餘六十多人，六時又入營，要求見余，向余行三鞠躬禮，請訓話，乃又作簡短演說。上海青年之苦悶，於此可知。

十月十一日 星期五 晴

晨八時據報，傅筱庵在虹口私宅，與日海軍陸戰隊司令部接近，於四時半左右，被其隨身忠僕，已雇用十三年者，用菜刀斫三刀，均在頭部，當場畢命。虹口特別戒嚴，本營門口之膠州路新加坡路，於下午一時，有日軍五名，概攜駁壳，在轉角處檢查。至五時有花旗汽車開來巡視後，派來兵兩名，攜輕機槍一挺，日軍即行退去。在左邊越界築路地段，不敢再越界矣。

自近衛與松崗發強硬對美言論後，次日即由美海長諾克斯上校發表準備日方挑戰宣言，並言日本遞去砲衣，美國亦即迎擊。美國態度積極，即行撤僑，白宮方面空氣緊張。羅斯福，赫爾，史汀生，諾克斯，太平洋海軍總司令等，會議奔走。日人態度軟化，且昨日松岡言論，謂辯護三國同盟，並非對美云。

上午楊文生因細故，將曹明忠頭壳打破，余心刺痛殊深。晚點名時對官長不負責任，嚴詞申斥。輕罰楊文生廿五元，降一級。卽以此款爲供明忠調養之用。睡眠較差。

十月十四日　星期一

上海環境之複雜黑暗，非言可語，一般走頭無路者，逼於生計，無可奈何，乃至出賣靈魂者，實繁有徒。平時循規蹈矩者，社會反用勢利眼光視之，無人過問。

七十六號之「三青團，」誘騙一般青年，概用重慶兩位陳公的名義。及至中計後，始加解說。最初手續，囑填表一份，以觀思想觀念，略加一二次解說，卽正式宣誓入團。凡入團者，分青年幹社與學聯兩部，最低可得廿元以上津貼，多者數百元。目前聞內圍有四百餘人，外圍三千餘人。究竟能夠發生何種效力，吾以爲頗難逆料。

殘殺手段，不論任何方面，余均表示反對，因此種行爲，與余素志相違也。

十一月十四日　星期四　晴

下午七時集合官兵在大講堂，將運動會應準備事宜轉告。

天氣漸冷，蘇宜園君私向申新九廠接洽，慨助斜紋布袋布各一百疋，棉花捌擔。國人之愛護，余感念殊深。下午托李宏生君搬運，吳昆生廠長謂將棉花代爲彈好，再行送來，可免彈費二百元之損失。此種厚情，出於天然之民族性表現，感慰不已。

父親行年七十餘，正所謂風燭殘年，耳聾，腦力亦差，身體瘦弱。自吾母逝世，家務紛繁，余堅請移居縣城祠堂，不料又因走路不愼失足。余處此環境，每一思念，痛心何極。吾父一生辛勞，身體虧弱過甚，依現狀而觀，余因報國日長，報恩日短矣。現在唯一可稍盡孝思者，輒爲設法以安老父之心。故昨日購四百元人參，另魚肝油精丸千粒，由郵寄回，藉慰親心。

三十年元旦　星期三　晴

一年容易，爲困上海，已經第四個元旦了！回想這一年的經過，私心頗可安慰。

近日睡眠不好，每日午夜必醒，等到三時左右，始可復睡。而本晨，被午夜教堂鐘聲和幾聲爆竹吵醒。電燈一亮，枕頭邊的手錶，剛好十二時，原來就是廿九年和卅年啣接的時候，多麼可貴呀，無奈教堂鐘聲響得太莊嚴，一聲一聲打入我的心窩，而致感念身世。歷十分鐘，鐘聲始止。

七時舉行民國成立紀念，精神升旗典禮，余作以下報告：光榮的孤軍將士們，今天卅年元旦，我們回想過去，第一個元旦，戰事變遷極甚，而全體官兵意志紛歧，思想複雜，經濟一籌莫展。第二個元旦，官兵憤於自由無期，經濟艱苦，異族壓迫摧殘之痛，悲戚無已。第三個元旦，經本團長歷盡心血，工業次第成立，教育開辦，儘力提倡運動，時至今日工業有了相當成績。去年一年中，贏利七千餘元，教育最初百分之八十五文盲，現在祇有百分之七十進步極快，體力進步尤為驚人。去年一年中，患病入院僅十餘人，足知運動功效卓著，切望本年更有長足進展。次言及抗戰情勢好轉， 委座定為勝利年。時歷卅分畢，旋舉行團拜，並作簡單勗勉之詞。

上午九時有朱家班十餘人來表演技術，成績與濟玉珍鄧國慶等有過之無不及。可惜場地因落小雨後潮濕，改在大禮堂，話劇台過低，表演時諸感不便。繼續者為某大公司滑稽京戲，完全迎合下層心理，毫無意識。此種遊藝傷風敗俗，以此可知上海社會之病態矣。

下午看孤軍劇團與外來表演話劇，成績均有相當好評。四時舉行降旗典禮，參加學生百餘，勉以實行一月三角獻金運動，天繼續落雨，越落越大。

六時放映「孔夫子」影片，演員精神體力均優，費穆導演，別具作風。憶聯軍時代，余對於費君導演片子，無一次不看。其手段自高人一等。但一般國民教育水準太低，能夠看得了解者，恐不甚多吧。唯本晚放映者爲強華公司一工人，妄將片子折斷，事後聞知達五十餘尺之多，誠豈有此理！末了四五人來吃飯，給他十元，尚要叫汽車送他回去。以前被騙去燈炮一只，計洋一百五十元，又將無人看之片子送來放映，計價五十元，人心之壞，非言可喻。

一月五日　星期日　陰

上午場地潮濕，無法運動，處理瑣細事務。午飯後見劉玉龍偕一男一女來，均非正當人。午睡二時起來，見另二男者，醉得面紅耳赤，舉動輕佻。調查得知唐棣請彼等喝酒。參加人有劉占魁石洪模輩，而與接近人日多，殊非善法。飯後，叫唐棣劉占魁來，大加痛斥，復集合隊伍，在大禮堂，余謂對於此等事件，曾迭加不指名警告。當場以鞭痛擊朱從禮，劉保亭石洪模三名，唐棣劉占魁各降一級一月。查劉玉龍爲前華捕，現已爲漢奸，不時來嘗打足球，覷察其來嘗目的，欲以騎牆勢姿態，圖後路也。

終夜未眠。

一月七日　星期二　雨

上午稍晚又落雨，九時許曼恩偕警務處副處長羅柏臣來見。余觀此人，與曼恩屬半斤八兩，謫之住上海廿餘年，可謂久矣。據謂渠與唐海安等相善。或謂其與余相識。余謂似未曾晤面。渠問余上海以往住過否？余答頗熟悉，是否黃浦學生？黃浦是　蔣委員長一手創辦否？余答是。渠復問黃浦開始用的俄國顧問？余謂確有其事。觀渠言辭中，對　蔣委員長亦極敬仰，約廿分辭去。

孔何兩公電，中央銀行電台未設法送同。

八日放晴，但不冷。至夜又落雨，福新尚有麵粉二百袋，每袋價十八元七角五分。上午囑王幹事往提棧單，據謂須照廿四元價，以前不算。商人不顧信用，余因無地堆存，故繼續搬運，不料市價漲，他們就要按市價漲，殊無道理也。

下午數十小學生鬧得一塌糊塗，擁滿閱報室。請他們外面玩，亦不去，殊無辦法。

一月十一日　星期六　晴

上午十時收到孔部長來電，因上月全體官兵將六七八九四個月一元節約儲金二千餘元獻金購機。以艱苦困難之際。猶能節儲獻金，殊堪嘉許。特由其本人撥款一萬元，獎勵全體將士云。款爲上海銀行業聯合準備會交行所發，不指名中中交概可提取，當電國行。

下午四時與人斐區而費吳生氏，新由內地抵申，明日卽赴港，特來營參觀。余請其演說，辭雖簡短，但有二點可記，一，謂中國有打不倒精神，二，爲今日來營，能夠做中國抗戰之一份子，實在光榮。臨別合攝兩照，握手而別。

七時大禮堂觀派拉蒙影片公司上海經理同人贈映之蝴蝶夫人，英國片。故事爲水手到處胡鬧，與一日本女人結婚，後又與人結婚，使女望眼欲穿，相思絕望，自殺而終。

一月十二日　星期日　晴

十時臨睡時聞槍聲，起床時又聞槍聲。

清糞夫本晨調換，據查爲韓歸滬西。擬調查後，如果由滬西派人清潔，必加設法反對，本營決不准彼輩插足。

六時五十分舉行紀念週，余以費吳生所語加以發揮，勉以應自信吾輩爲中國軍民，必達成保國衞民之天責。朋友尙如此熱心苦鬪，何况身爲黃帝子孫乎？故人必有自信和堅強之信仰。能自信，始能自尊自敬自重，才能互信。吾人信仰　領袖，出於愛國愛民族，非爲　領袖個人。並報告孔部長慰勞國幣一萬元意義，歷時卅分畢。

後面與左面一邊電燈三日來，完全熄滅。

爲李宏生事，發生許多痲煩。約定本晚王來同信，不知如何，不見其來。下午倪君來，將孔副院長信，交其轉發。宏生姊等來見，安慰其數語辭去。睡眠不好，僅兩小時。

一月十九日　星期日　陰晴

因昨日起西南風，故昨夜又落雨，但起床時雨已止，惟道路泥濘不堪耳。上午寫家信。下午辦理雜務。總之無片刻空閑耳。技術團鄧國慶爲其寫「譽滿全球」。下午送來魚，肉，臘味，糖，四味。忘卻給送物者小賬，去後始想及。

新四軍謀叛，業由顧司令長官下令解散。葉挺被虜。依余判斷，恐屬其中之一部份？因新四軍在蘇北，尚有大部份也。×××似已免職，聞由王××代。蘇北如此處置，倘早在半年前，接受余之建議，或不致有此亂子也。

早上紀念週時，余因昨日跑步五十分鐘，落伍卅人。勉以成功失敗，完全在於忍耐，和英雄本無種男兒當自強意義，要大家振作。

一月二十一日　星期二　夜微雨

氣候又變溫和。旁晚微雨。上午羅柏臣偕其助手督察長來。據謂渠訓練後備隊，工作極忙，不能隨時來。每天由督察長來一次。有事可與其合作，特別事隨時電話通知，渠即當前來云。並以工部局得報，此間休養室無火爐設備，擬裝火爐，因病兵送院，須款由我政府付給，可以省錢云。余對其意見表示感謝，唯房間設備應改造。不然，亦無用處，談後同往視察，始去。

十一時許宏生由王陳偕來。據謂上月十七號，坐黃包車來營上課，在膠州花園附近，有兩穿巡捕裝者，以陳翻譯在捕房有事，請其前往問話，十餘分鐘即送回，旋即強之上車。向七十六號駛去，沿途問他張文元在何處？上海赴內地技術人員，概由你負責是不是？吳紹澍交吳志伯的信，經你手交的，吳紹澍在何處？到七十六號門口，吳志伯曾向汽車內望，即此可知吳志伯的陷害無疑。在內亦以此話經三次問過，但始終客氣亦未用刑云。唯此次僅用二百元保釋，實賴王陳兩人之力，而七十六號如何以陳翻譯爲詞？

下午正言報記者梁雨廷來索相片，取去十七張，據謂供農曆元旦增刊畫報之用云。

一月二十二日　星期三　晴

關於蘇北混亂情形，一年餘來，時刻焦慮。此次因李守維將軍被新四軍解決，李軍長失蹤，而生解決新四軍之變。抗戰爲建國不易國策，余意凡有減損抗戰實力者，必宜避勉之。

特大膽擬一電稿，呈報蘇北情形和新四軍之已往，送交拍發。

氣候轉溫和，時令不正，農曆年一般人都準備過年，我國以農立國，且數千年來積習，實難改變，但余意實無必改之需要也。

下午打籃球過激烈，睡眠不好。

一月二十四日　星期五　陰

嚴寒，狂風，終日在攝氏四十度以下。上午處理雜務。因弟兄穿棉大衣，雙手插入兩袋，解除兩件，送倉庫暫存，旋即較好。

下午原定五時開飯，六時許始到齊，一部未來，改由班長以上，坐較擁塞耳，菜蔬平平。

八時點名後，尚聞球場有官長講話，細聽之為陳連長，至九時半尚未聞解散。旋聞士兵鼓噪聲，穿大衣往查，始知因本日余解除金長銀大衣，陳連長加予訓誡，一部士兵即不耐。叫立正，雷坤年不遵行，而生爭執。各班已疎開，余即下令集合，要楊連長率兵兩名，責雷坤年棍卅。婉言加予誡諭，詢之有無話說，一律心悅誠服，即行解散。

一月二十五日　星期六

一般人都籌備過農曆年，恰好這幾天氣候突降，毛病必可因此減少，肉價因天晴，跌價每斤二三角。全體官兵買八百餘斤猪肉，三百斤牛肉，黃魚二百斤，青菜二千斤，足夠三日伙食。

上午讀曾胡治兵語錄，農曆年假期內，多看書和寫字，再加運動，下午打籃球，約一小時畢。晚飯十餘人共餐，服參湯少許，睡眠較好。

一月二十八日　星期二　陰

連日來參觀的人較少，均因渡年的緣故。上午天陰，下午微雨。本日為「一二八」抗日九週年紀念。晨七時舉行紀念典禮，余訓話追述本師及各友軍參加淞滬抗戰經過。次言「七七」以還，日人已到山窮水盡。前進不得，後退不能。觀日人誘和之迫切，欲抽出泥足，實行南進之猙獰面目。故此時絕對不能言和。松岡外相敦勸　委座與汪精合併，只可讓他立着做夢。為時四十分，並勉勵官兵向上。旋集合班長以上，指示新四軍解散原因。口號：一、領袖萬能。二、絕對服從　領袖命令。三、嚴肅軍紀。四、精誠團結。五、抗戰到底。六、　蔣委員長萬歲。七、中國國民黨萬歲。八、中華民國萬歲。下午三時微雨，精神降旗典禮，在細雨微濛中舉行。由伍杰報告「八一三」抗戰經過。

四時孤軍劇團，以「有力出力」和「黎明」兩劇演出。劉耀庭石洪模等頗能稱職，表演頗切合逼真。

余對西人納稅增捐會，日人林雄吉槍擊凱自威等事件。原則上絕對反對此種暴行。惟林雄吉年已七十，尙有此勇氣。反觀我國一般青年，眞愧死無地！以英人在公共租界總董之尊之凱自威，無故被人槍擊，抗議亦未敢提出，誠可怪也。以此，余知世界公理正義，完全以槍口爲標準矣。觀此三年來吾人何罪，而受慘絕人倫之。一九一四」慘案時，余已言彼輩卽將自食其果報矣！眞是天道公正，報應不爽呵。

一月三十一日和二月一日 晴

這兩天更覺冷不可耐。水管凍結，金魚池亦凍冰，最可慘者，卽白鴿於卅一日下午被貓咬死一只，兩夜露宿在瞭望台上，不敢歸巢。兩只小鴿因而凍死。不知如何，近兩月來鴿子不生蛋。現在近卅只，按平時總有三對以上，輪流不息。但近來連一只也沒有。俗語鴿逢家運，運好盛，運壞衰。不知是何緣故。

東風仍厲，閱報室寒暑表終日在四十二度左右，下午微雨，似有雪意非農家福。

工業社加派官雷充副社長，負責督促，加緊工作，愛惜公物，訓令已發。

美總統代表古利氏昨日抵香港，晚報載已於本晨抵渝。經濟爲抗戰根本條件。如羅氏能儘量支持中國經濟，敵人之敗，必無問題也。且美海長諾克斯上校已公開言，美已以最新式飛機百架，先售中國矣云。夜眠多夢，殊苦。

二月十日　星期一　陰

氣候不正，時北，時東，時南，風勢變幻；世界局勢，恐亦將隨風勢突變也！

人之自私自利心；不知滿足，此爲世界擾攘之害，本營爲體卹一部服務人員，允將平價米麵，供給彼等，本營因早在去年預定，得以四十七元，彼等卽設法多買積囤。麵粉目前市價廿五元一袋，本營爲廿一元五角。而尚存數十包爲十九元七角五分者。彼等又以要低價者，可知人心無厭足，想好又想好，天下斷無將便宜物售人，自已轉食貴物之理。慾望無窮，得寸進尺，此爲人類之病根也。

下午紹孔派陳某來解釋宏生誤會，此事余完全出諸至誠，消除上下隔閡，另無他意。

二月十一日　星期二　雨

東風頗厲，但不甚冷。中午尚爲五十度，下午落雨，一時不易放晴，風勢有加無減。

所養鴿子，一星期來受貓咬死一只之嚇，真有所謂驚弓之鳥，風聲鶴唳，草木皆兵之慨。每夜露宿在外，零度亦如斯，對鴿房尤爲畏懼不前。上午較好，下午避之猶恐不遠。用鴿誘之，亦鮮見效。餓之較見效，唯亦不敢入籠過夜。通常一鴿起飛，其他跟隨飛去。本晨始得設計關入一部。兵敗如山倒，吾人以鴿連日之現象，可知攻心爲上，不戰而克人之兵，始爲將兵之本也。

翻譯陳××思想錯誤，此次新四軍事件，亂作荒謬批評，以中央不應調查，報上係片面宣傳等等。向王翻譯和教育人員等，亦敢如此糊塗，實堪痛恨。上星期接得一信，報告其已往在外胡說經過。本晨書一信交何德奎，囑轉知羅柏臣副處長先停止其職務，俟查出保人後，接替人再考慮。下午接何德奎回信，據謂已轉知羅柏臣，允即處辦，唯須閱余信後再告云。

八時後，路燈概行熄滅。旋附近又聞槍聲一響。槍聲固爲家常便飯，無日無之，但爲防患計，令官佐巡查班即刻開始。夜眠與昨夜同。

二月十七日　星期一　陰

晨起又翻北風，氣候稍冷，南風雨，北風晴。在落雨時，氣候一如春季。

上午書一信交何德奎，託轉羅柏臣，大意翻譯以往辦公鐘點為每人日僅五小時，擬改為上午八時至下午四時，上午十時至下午六時，每日八時工作。余擬在兩翻譯中擇一人擔任余私人英文事務，並可指導余學習英語，以省開支，旋接何回書，原信轉羅柏臣矣。

按日中飯後，坐在房內閱報，瞌睡得張不開眼。但本日準備去睡，倒在床上，又始終不入睡，何故?!

連日，整個世界都為遠東情勢緊張而不安，依余判斷，均屬杞人之憂。若謂日人在海南島集中大軍，或有之。但日人四十三個月侵華戰爭，已精疲力竭，南進固為日人躍躍欲試之企圖，但如德不能在歐洲有新勝利，日人絕對不敢南進。依余觀察，日人第一步似以解決侵華戰事為目的，控制泰越，阻斷滇緬路交通。勸誘蘇聯停止援華，如德侵英完成，日人南進勢在必行，不然，日人必有所顧慮也。

二月二十三日　星期日　雨

七時舉行紀念週，報告南進之企圖，現在海南島集中海陸空軍，似為俟泰越調停戰事失敗，先行控制該兩地。等待歐戰軸心國侵英勝利，再乘機南侵。依過去英、美、荷、澳、聯合準備姿態論斷，日人必知難而退。但是已集中之海陸空軍，必有所用，將為切斷滇緬路歟？唯無論如何？日人如南進，於我國有利無弊也。結論中國國民能吃苦耐勞，不怕犧牲，不光是一個日本，再加多兩個，也亡不了中國。八時畢。

上午擬拍康澤兄電稿，十時午飯，旋觀新聲社小神童定軍山京戲，終日微雨。

晚召尤耀亮個別談話，一小時始畢。

夜眠較昨夜稍好。

二月二十六日　星期三　陰

南風昨夜落雨，六時餘將陳被玉來信，報告內地蓬勃精神，轉知所屬，深加勉勵，近八時畢。

鴿子膽太小，捉殺八只，尚餘十八只矣，被飛走三只，飛來三只，殺去二只。

午飯後眼睛又張不開，倒在沙發上。昏沉又兩小時，真無聊　四時打籃球半小時。

工業社不能儘信伍杰和僱用之幹事王耀堃等。有建成公司者，一出口商也，余初以彼定襪子，係運南洋羣島，故仍按去年春之價目批發，卅二支五百打，六十支四百打，論之市價，實廉三分之一價格。但過後數日，又來與伍王訂合同，續定四百打，言明五月底出清，此事余始終不明，後查詢始知。當即嚴加申斥，且市價六十支紗三千元一件，似此成本亦不夠，今即將合同送回。與人訂合同，未得余簽字，概不作正式。而建成鄭經理等來，多方理論，余不負責，商人只知串錢，當然談不到虧本不虧本。

李宏生上星期來，轉知七六號要其一談。當時言明星期日卽往，不料消息杳然，本日給電話，囑其將廣告函件取來，七時來見，以恐怕去後，不能復出。又怕進去要其加入海社。余以爲不去亦非辦法，他人與你無一面之情，擔保你出來，你不去勢必連累保人，於心何安。

二月二十七日　星期四　雨

八時前羅柏臣派人來見，告煤炭四噸，定下星期一運來。並以營房電線日久恐壞，易生火燭，全部調換，約需四百餘元，詢余意見若何。余謂明日工部局派工人來營，俟余偕其視察後再告，來人答很好，

閱中美日報，昨日交出曷勉青年稿，用特殊地位刊出，除字句節錄稍簡短外，一切滿意。正言全文刊出，神州同日出一張，刊重要一段。

下午寫一長信呈父親，述及一部分上海情勢。

送到中美日報應徵秘書信八件，檢閱僅二封有考慮可能，餘無須考慮。

大美晚報廣播電台青年問題，卽以本日發表者廣播，且播得極好，末尾廣播員並將四行抗戰時，渠有感一般青年，醉生夢死，借孤軍事蹟發表意見，印發傳單，四十個月以前傳單，重行找出播音，誠難能可貴矣。

二月二十八日 星期五 陰

二月僅廿八日，民國卅年又過去了兩個月矣，光陰如流水，前途真不堪設想。

連日物價暴漲，形成混亂狀態，肥皂原料，牛油百卅五元，尚不願出手，每塊售價二角者，現市價三角，百物競以價格提高，不堪設想。

下午紹兄派曹俊來見攜來一信。旁晚倪燦曾交來李××一信，大失所望，此種青年，只知偷生怕死，勢必陷害保人，渠已將××女中教職辭去，避不見面。

徵聘秘書廣告，總計收到應徵信廿餘封之多。檢閱後僅數封可有考慮者，且有附相片不寫地址者。

夜眠仍不好。精神反常，過份興奮。

三月二日 星期日 晴

七時舉行紀念週，余訓示，從本日起。本廿七年春之情形，開始整理官兵對工業之認識，查初撤退之始，官兵思想龐雜，行動乖妄，不堪一述。現在大家對工業不覺重要，隨便糟損原料，粗心大意，言之痛心，決竭盡余之心力，嚴加整飭。

上午旁觀足球比賽，參觀人昨今兩日增加，處理什務，無時間寫杜先生稿。

巡捕醫院三位小姐來，余因已往官兵傷病住該院，渠等對之均極良好，故每次來營，均以禮待，唯已遷虹口，至晚飯後七時半始去。

夜眠稍好。

三月四日　星期二　晴

早操七時收，未實行術科，氣候頗冷，手凍殭了，等了好久，始稍好。四月來馬養在那裏未騎，本日始行騎之，然暴躁不堪，亦無法騎上去。蹓了一趟，性始稍和平，馬夫不行，馬見之生怕，騎上去亦頗馴服，日久未跑，過久恐人馬均不宜，故僅廿分鐘畢。

肥皂計算成本，自行辦理，一般都是糊塗蟲，烏七八糟，計算時只求成本少，結算時除虧本，另無可言。每塊成本，尚差六七分以上，何得不虧本。

下午商購黃豆，前日尚零售四十四元一擔，本日已五十元，多方商談，得四十四元，工部局運來煤灰五噸，在外面用一噸，運[illegible]四噸。作做廠沙石，據該局人言，煤灰不賺錢，僅得運費若干云。

李××來一信，又欲遮掩。似此，不仁不義簡直不顧理義廉恥為何事也，復信用大義申斥。

三月五日　星期三　晴

九時前氣候頗好，但與昨日一樣，九時後即東風狂吹，嗡嗡作聲，氣候稍冷。

七時騎馬約半小時，馬老跑不動，僅跑數圈，即不能繼續跑矣。

現在每天有七八本日記薄，一到早晨空時，就要批好，真是太麻煩了。打算工業組從十一日起，我自已親自處理，看樣子給他們再弄下去，糊塗更不堪設想，肥皂組非我指揮，也無法弄好，隨處糟耗原料，做事沒有條理。不用心計劃打算，真不堪言。

下午復旦大學社會科調查班 由高君哲女士率領十九名男女學生來參觀，高女士似為教授，談了幾十分鐘話，始行辭去。

許久未服九福公司出品樂口福麥乳精，本星期日又由石孫等送來兩瓶。本晚服半杯，開始極好睡，殊料大約三時左右醒後，右腰旁作痛殊劇，用手撫摩，稍感好些，唯又在右乳旁作痛，許久始已，卽未能睡。

三月六日　星期四　陰

昨日下午轉南風，致氣候溫和，晚上又落雨，早晨起床，尙微雨不止，八時後始止。中午寒暑表達六十以上，旋轉西風，四時後又轉北風。

終日料理工業組事宜，未稍休息。一般官兵，做事不用腦筋，好好的事，做得亂七八糟不算，把它弄壞，此屬國家之損失，實堪痛心。

雜務一多，心氣不寧，聽不慣，看不慣，不免有所暴躁，致性情又反常，夜眠不寧。

三月八日　星期六　晴

早晨騎馬，上馬又亂跳亂踢，蹓了十分鐘，始騎上去，騎他半小時，汗流夾背，口流白沫，馬老受不了久跑。從馬上下來，卡時多與馬翻譯在網球場相待。余卽偕其到臥室坐談。旋二號老頭又請見，以點名時士兵散至各室，來來往往，點名又費時間，又查不淸楚云云。余謂當設法補救之。

午飯後打足球一小時，繼打排球，四時餘又打籃球，運動過烈，一身作痛。六時宋福華送織女下凡影片來放映，機器由本營出錢，余觀頭二兩本，即不耐同房洗澡，終夜不能安睡，精神彷彿。

早磅身重，計市斤一百廿斤，依每市斤十三兩六錢計，應有一百卅八磅之多，不知如何數月前，尚只有一百零九磅，如何一胖廿餘磅，殊不足信。但是麵粉過磅，亦復準確。憶七七事變前，在無錫尚爲一百卅六磅，似此體重已恢復四年前之狀，特精神大不如前矣。

三月十一日　星期二　雨

昨夜臨睡時尚狂吹南風，氣候六十度，午夜後驟雨，風勢平靜。約三時許，北風勢急，窗門簾蕭，作聲殊厲，輾轉反側，不能入寐，近五時始睡。

八時前卡時多來見。一，如須增加人數，請隔日通知，明日須增人多少？余答俟查調後即電告。二，修電燈下星期準可偕工人來，陪同查視。三，尚有煤灰二三噸，下星期亦可運入云。想因上次五噸，被白俄用去一半，補數也。

十時降至四十度，落雪珠，相差廿四小時，氣候計降廿餘度之多，上午擬致杜月笙先生函稿。

三月十二日　星期三　晴

七時清潔夫來報，因來取水桶，被一士兵強拿洗衣，稍言即動手打人，致將口唇打破云。查之為傳冠來，該兵平日壞極。自改編後，本已好了，但尚未完全改過，當集合隊伍，派十六人，每人棍責廿，以警其改過。心不忍，但為團體與其個人，不能不如此，棍責時並大呼該打云。

九時舉行 國父逝世十六週紀念典禮，因雨後場地潮濕，改在大禮室舉行。數十來賓參加余報告。一，效法 國父為國為民之精神，犧牲小我。二，抗戰勝利，國民必須要吃苦耐勞，協助政府。三，軍人只知服從命令，尤必須屬於國家。

昨夜作一離奇之夢，百思不解，以往已無此種思索，而夢境特別。初在一地，似受戰事影響，余入一室。有一衣長衫者，表面若紳士者來報，某因肺病死，以其壽棺殮之。余視棺小，旋即由數人抬之出。復到一處，擺列各物，好似沿街攤販，余遍視所有水菓，俱不合余意。而余手中持一菓，拆紙視之，菓外層已爛。再經一地，過街房間盡因戰事而空，門庭冷落，椅櫈毫無。唯室內頗干淨，且右室懸有少女時新衣服數件，並聞音樂聲。迨余再前進，見一室，見一日婦。且教且跳，有位十餘歲之幼女學舞，音樂悠揚，頗感愉快。見內部花木極多，余欲向前行，但有一門，用竹簾閉之，余詢該日婦，可前行否。渠即欣然諾，領余入內，則見狹長地，盡是花草。右邊沿一溪，水流頗急，深約二寸，潔白可鑑。水中有白色和花色魚，露其背在水中遊泳，有旁在岸邊憩息者。余見此魚，心慰甚。據婦告余，技童時倫其蝦，一蝦值廿餘金云。旋婦領余行，余心知全爲日人聚集處，而地靑悠，受戰事影響，人少景盛。余詢婦曰，尚有人做生意否？婦見余穿中國軍服，誤以營両爲妓女，答前面來時經過處卽是。但余亦未加解釋。該婦待余禮厚，初至一室，室中懸一尾長數尺之雉雞，用繩套之，尾向上，頭垂下。余詢婦因何若此，據答此禽性如此。室際儘是半開之各種時鮮花草。又至一室，室爲飯廳，列四桌，余詢婦乃飯間，經過數室後，至末室。室內頗寬廣，余細審室內，桌椅雜物極多，有兩床垂黑帳。私意必爲婦等臥室，細視牆上所粘字條，二條爲日文，一條爲中文，俱屬寺廟所求之簽。中文者著有日文，當時余讀中文條，每一字均極詳悉，且有深長意義。不料婦卽在此時外出，更裝入室，坐於一椅上。回首視之，門口又立一婦，兩婦均屬麗者，私意此室必彼等所屬矣。余正得意快慰，忽被五時工廠汽笛驚醒，一場春夢，至此告終。過後思維，誠不解夢之所由來也。爰筆記之。

三月十三日　星期四　雨

晨場地潮溼不堪，十時後逐漸乾燥，天氣晴朗，參觀人數，增加一百人，無若何爭執，出入自由。下午參加足球賽，對方實力太差，入對一結束。

每轉南風必落雨，終日細雨不止。下午四時漸轉北風，雨亦漸止。本晚爲十六農曆，發生月蝕，八時已蝕三分之一左右，即逐漸放圓。習俗放爆竹，可以驅天狗，即聞肆面劈拍聲不止。

上午拍一電南農，詢致海內外同胞書稿，不能發表原因。杜月笙信發出。

上午十時，閃森與卡時多雨位用電話約定來晤。商談一小時，極爲相得。對參觀人數，肺病者送院，照相機等事，均在商討之列。且態度較之以往亨培時代人物大不相同。余要求參加人數，恢復以前狀態，和照相機由余負責，不加限制，渠以責任關係，未便允諾，允即請示，儘量想法免除磨擦云。彼此商談極歡，余不知亨培是否英人也。

三月十六日　星期日　陰

兩租界當局自昨夜午夜起，所謂日光節約運動，將鐘點撥快一小時。以致每日早點名，由八時改七時，他們叫八時，營內仍舊叫七時。早飯時間改爲七時半，本日因爲星期，閃森與卡時多上次來時，言明本日不點名，故起床就整理營房。

國父紀念週亦從本起日，改爲上午八時半舉行。本日有羣衆約百人參加，余報告國內外軍事政治情形，和中日戰事之趨勢，歷一點半始畢。

昨日上午東華足球隊對西捕隊，下半時因裁判不公，東華退場。觀衆三萬人，要求退票，越捕即拔槍攻擊，激動公憤，發生毀看台欄干，遂將逸園拆毀。越捕與白俄巡捕，衝上看台，逢人便打，輕重傷數十，甚且女人亦有云。此種不法行爲，誠無法理人道，言之痛心。國人不守紀律，亦應加以糾正。

午飯後坐在沙發上打瞌睡，到三時石秀華來時始起。四時許石去，看足球與電話公司比賽，結果三對一勝，全在李義之功也。

夜眠思想龐雜。胡思亂想，睡眠又不好。

三月十七日　星期一　晴

昨日晚飯後，即落微雨，早晨起床，落得遍地潮濕，十二時後始乾。下午打排球。

上午檢查與地方協會有關事項，摘錄準備寫報告呈　委座備案。

據報昨日參觀人，不論多寡，四號一律要站隊。經其詳細查視。每次出入，必須留難五分鐘以上。此種故意刁難，不知何故，因此，薛學鑫不准他如此，人數查清楚後，即要羣衆逕自出去，四號與馬翻譯爭吵，且報告卡時多云。而本日裝修路燈，不加通知，私行裝換，**亦屬不當。此輩野蠻成性，誠不至死之將至也。**

晚睡終夜惡夢，現因日間找尋舊稿，而至夜間夢境重纏不休。起床時一坐起來，頭腦昏暈不堪，因惡夢所使然歟。

三月二十一日　星期五　晴

上午起床後，即寫上　委座書稿，午飯時始止，七時卡時多來，初派馬翻譯來問，余有事否。余答無事，旋渠又來，據謂閃森對今明後三日，增加一百人，請勿生不開心事體。余謂參觀者入營，余可擔保不發生什麼事，並申明前日所誤會，星期日發生不開心事，已談過，即算過去了。觀渠形態，似較上次態度優良。而連日自俄似較好，站於不管不聞態度，能如此下去，當然不會發生什麼事故。

本日為上海革命軍光復紀念，各校一律放假。兩星期來，因閃森對學齡以下兒童，不在限制人數之內，故附近各校小學生，來者終日在百人以上，吵鬧不堪。

下午打了整半天球，夜眠仍有夢，一睡醒來，已四時廿分，約在九時半睡。

三月二十二日　星期六　陰

本日又較冷，東北風頗緊，天陰，起床就寫稿，直至十一時止。午飯後打籃球，繼打排球，三時始休息。

從本日起，開始食素，用素菜以豬油煮之。下午由藝華公司查瑞根送來李麗華主演的啼笑姻緣影片計十本。查君年卅許，較余年幼，一口鬚長二寸。後知自九一八後，而下決心，如果我國軍隊不收回東北四省，不剃此鬚。因此，十年未剃，以一平民抱此種堅決志願，誠愧死一般偷生怕死，出賣祖宗父母之漢奸矣。五時宋福華又送來新華影片秦良玉，事真恰巧，三年來從無兩部影片送來，不料預先放映秦良玉，及檢視考貝尚未到，只得放映啼笑姻緣。本日爲四號，未映前即放入百餘人，俱屬附近百姓，婦女小孩居多數，吵鬧不堪。

睡眠因看影片，情感有刺激不好。

三月二十三日 星期日 雨

午夜後落雨，蓋棉被一床，似覺稍微嫌冷，氣候變化無恆，時冷時熱，五時半起床。八時半舉行紀念週，余因一萬元事，與地方協會所生隔閡，連日東尋西找，寫經過原稿，精神刺激殊多。儘惰中斥官兵不知振作，任何事均作無所謂態度，不能明恥，不知向好的地方去做，好的地方去想。思想不純正，做工不用腦筋，反常常做壞，此種人即無所取長，一小時始畢。

午飯後，作午睡兩小時，極覺痛苦。不睡還可，睡後反為不快，故晚飯僅喝兩碗半粥。

二時有自稱軍校八期生之汪家駒者來見，此人有懷疑處，當慎重考慮之。

自前日（廿一）晚，江蘇農民銀行，被暴徒於午夜一時，在職員寄宿舍中，藉名檢查，列隊用駁壳槍掃射五六十響，當場死五人，傷七人，拂曉中國銀行寄宿舍又被七十六號綁去二百職員，市面又成緊張。

夜眠極不好，午睡之害。

三月二十八日　星期五　陰

明日為革命先烈紀念日，定六時升旗，四時降旗，接着各學校放春假，故從廿九日起，至下月六日止，參觀慰勞團體，日必三百人左右。而自羅柏臣去後，閔森接續負責兩週來，對學校兒童，概不加限制。每日附近工部局小學，金科小學，滬光中小學等學生，下課後必蜂擁來營，吵鬧不堪。營內整潔，當難按步整理矣。小花園內草地，樹枝，浪花飛散，天真爛漫之小孩，實難處理也。不准入又非辦法，儘量放入又麻煩。

七時卡時多來，以參觀人自明日至下月六日止，增加一百五十人，據謂增加一百人，渠可負責，如再增加，要請示閔森云。稍談及租界前途，余笑謂萬一日本人武力佔據租界，你我均成視鄰矣。

一日已把「我是希特勒的女侍」看完，內中大部份似爲著者過份渲染之詞。惟總可說是帶趣味的刊物。

夜眠不安。

三月三十一日 星期一 晴

每天就要整個上午去處理雜務，工業，及營內瑣碎，真是無法可想。昨日戒備嚴峻，本日已鬆弛，上海處於四面楚歌中，亦屬無可奈何也。

松岡外相聘德，意料必無多大成就，吾人可以決定其必然。德國欲日南進，牽制英美，最好太平洋發生美日戰爭，可以減少美國援英之實力，但日本除非能得到德國的實力支援，恐日本必不會冒萬險也。德之在歐，觀其對意大利着着失敗，尚無法援助，何況遠東之日本也。蘇俄必無成就日蘇互不侵犯條約之希望。因蘇俄絕對不在幫助軸心，而壓迫中國也。蘇俄遲早必會反軸心，已成事實，問題在英美對蘇之態度，能否改善。依目前中歐受德統治，蘇俄已岌岌可危，萬一又幫日侵中國，中國失敗，蘇俄兩面受軸心包圍，已成軸心之囊中物矣。中國之與美聯，由於太平洋問題，不但美應包括蘇俄在內，整個解決太平洋問題，日本如南進成功，滇緬路必受封鎖影響。故事實中國固不願把太平洋戰事牽涉到歐洲去。倘使日本南進，又不能不與英荷聯合抗日。事實如斯，不得已也。松岡返國，日本外交，必有驚人反響，不是積極堅強軸心同盟，即屬陸續作退出之計，兩者何去何從，要視松岡外相此次視察歐洲之成果為斷也。余將拭目以視云。

夜眠仍不甚安適。

四月四日　星期五　晴

早二時聞蛙鳴一陣即止，因室後草地，躲藏大小青蛙，以往雨後，吵鬧不能入睡。而今晨蛙叫，為本年第一次，此蛙依已往經驗，一鳴即雨，百不一失。故余判斷，本晚將雨矣。

本日為兒童節，氣候頗好，官兵自本晨起，一律改穿短褲，短衣。上午來營人數，約在八百至一千間。下午已在一千七百至二千間，人數之多，突破去年三月廿九日追悼會之記錄，上下午大禮堂擁得動彈不得，營房肆處站滿人。放出籃排足球十餘只，尚不夠應付，人數過多，亦非辦法，余誠恐發生事故，或壞人倒亂，秩序尤無法維持，實感困難也。

早晨正言報即載孤軍營預備各種禮物，贈送小朋友。但人數已多，余原擬每人發糖一包，苦以經濟缺乏，且如上午發給，下午勢必人數更加擁塞無疑，實難處置。晚報亦多記載，但消息並非本營發出。

平糶會去年所定碎米陸百袋，尚餘二百袋，昨前兩日完全出清，本月份之給養費一萬一千元，應付九千肆百元，本月份雜支，又無法維持矣。

夜眠又失睡，不知何故也。

四月六日　星期日　晴

北風冷後必晴。上午參觀人約二百，八時半舉行紀念週，規定從本週起，作工業教育，運動，經濟，衛生報告。本日指定陶組長報告肥皂組經過，陳組長報告襪組經過，均以開始簡單，出品又劣，現在陸續擴充，機件增加，成品也增加數十倍，而且精良。一般工作人員，也較認真有興趣。足知凡事必按步驟辦理，按序進行，無論個人事業，國家建設，均離不了此種原則，希望大家緊記此種原則，日求進步，失敗再來。然後成功事業，才有基礎。十時畢。

下午三時與信誠公司籃球比賽，余參加上半時，下半時退出，甲乙兩組均勝，下午人數又達千人，過多誠麻煩也。

據王翻譯報告，有一滬西特警偕其妻入營找其小孩。特警係工部局所派往，欲入營將帽子寄外在面，尙以入營不好意思云。足知中國民衆，民族思想之豐富，處處表現可爲吾人安慰之事。人心不死，敵人奈我何也。

晚睡除早醒外，一切如常。

四月七日　星期一　晴

早操下身穿短袴，確有些冷，上身穿襯衫一件，外加衞生衣，亦覺冷。跑步半小時，體操至六時廿分畢。卡時多來，詢有事面談否？余謂無事。旋謂閃森，本星期內會來見余，有事可預備俟渠來時面談也云。

十一時集合廿餘人練習籃球，下午附近居民，又陸續入營數百，日日如此，他們吃了飯無事做，營內秩序，無法維持。擬加限制，爲星期六與星期日，其餘除約定外，請不要來。

夜眠如常。

四月十日　星期四　晴

早操跑半小時，落伍僅數人，成績逐漸較好。跑畢略加體操，即集合加予嘉勉。以昨日雷雄送來之信，係第四連士兵三名，自四行撤退赴內地後，現均升連長，分駐內地。希望大家要自尊自強，不要自暴自棄，以求上進。

旋卡時多來見，余告以兩事。一、即前晨白俄說話，要他細聲，反以槍作瞄準狀，以示恐嚇。二、兩門白俄開門，僅將門稍放開，遂出入不便。時常有人把衣服撕破。上兩週有一程小姐從外入營，因此將手臂撕破。卡時多聞知，似極不同意白俄之悖妄。旋談及巴爾幹戰事，余以南希再加入英軍，亦難擋住德軍之鋒。唯歐戰已成持久戰，消耗戰，有中國抗戰之先例可援。英國惟有採取「前事不忘後事之師」之原則，因蘇俄受德威脅，亦頗不安。如英美能善以利導，蘇俄參加民治陣線，而禦德必矣。渠極表同意。且以德國有陸軍，英國有海軍，頗可合作。

十二為　先母逝世週年紀念日，余三年來內心之慘痛，並加慈母之辭世，人生之厄難，誠非所料。余定自明日起，開始食素，至月終止。並在十一二三三日中，不接見賓客，藉資靜思。

本日各報對巴爾幹局勢轉惡，南菲德軍亦有直搗埃及之勢。蘇俄態度似有轉變，日蘇互不侵犯協定，亦在松岡與莫洛托夫商談中，非無可能。

夜眠僅四小時即醒。

四月十四日　星期一　晴

國際大事最觸目的，就是蘇日中立協定的公佈，互尊滿蒙主權之完整，此種條約，恐無多大意義，互爲利用，蘇因德在歐勢力膨脹，極不安。如南斯拉夫宣佈加入軸心條件之撕毀，蘇即與訂互不侵犯協定。土蘇之宣言，嚴峻警告匈牙利之侵南爲不當，處處可看出蘇之惶惶不安，爲克蘭之糧庫，終有一日受德侵爲囊中物，蘇欲往視巴爾幹與整個歐洲情勢之發展，必求遠東安定，以免東西受敵。故余料中立協定，無重要發展，日本誠然可將滿洲駐屯軍調動一部。但亦不可視作日人南進或與美宣戰之原因。日人之外交，係以恐嚇不用兵力達成目的爲宗旨，依此時大勢判斷，太平洋仍可暫時平靜，南進除準備外，亦不會實現，試目待之可也。

上午爲上海劇團魔術團等十餘團體來營表演，所請寫文字，另有托寫者，均爲之寫好送出。

連日敵機卅架左右，中午前後，盤旋空中，來回逡巡，機均單翼雙發動中型轟炸機。

連日附近市民入營，小孩乘機竊物，並將球故意投出馬路，由等候之小孩拾去，已失三只之多。前日下午，並有肇和中學學生皮衣一件，放於大操坪，轉瞬被竊。聞數小孩父母因分贓不平，發生打架。籌商加以限制之法。

四月十五日　星期二　晴

點名後訓話，指示各連任務，寫條幅一部。

大禮室與襪組房中間空地，連室一間，本晨開始，旋馬翻譯來報，卞時多來電話，營內造房，應得閃森兄之允准。余以上星期五已以客氣態度告知，且以往亦無此例。去年建大小房五間，修理數次，並無言語，何此次有此麻煩也。後四號請見，余略以此意轉告，有羅柏臣去後，繼之者爲閃森，新定許多規則云。余以任何規則，未通知余同意前，一律不生效力。半小時後，卞時多來，以忘記轉告閃森，故渠不知，特來一視云。觀卞時多態度頗窘，似受閃森呵斥。

午飯後，曾在沙發上睡去一小時半。購買寫條幅字紙四十餘元，四時打籃球激烈，晚飯不思，十時就寢，終夜不能睡。

四月十七日　星期四　晴

早操時，張××未跑即落伍，要他跟上，漫不在乎。擊其數次，態度不好，在隊伍公然高聲吐痰兩次，又痛擊之。此兵實無教養希望，官兵無不討厭痛惡其人，不知自愛。

點名後，訓話三點。一，勉勵做人做事原則。二，以韶關電范文標班長壯烈犧牲事蹟，勉其所屬。三，經濟極度艱苦，一籌莫展之情形。

衛聚賢家人來，擬收回一部襪機自用，當允照辦。衛欲[illegible]營商標，但絕無希望，因本營工業，係屬永久性質，絕無中途停頓之理。襪組近半月來，因有成品不良，不按規定，不努力工作數十人，集合加予訓斥。

上海情勢之變化，誠難逆睹，一般喪心病狂者，甘爲敵人之爪牙，殘害良民，實堪痛心。將來不論趨勢如何，於抗戰無益反有害，可爲預卜。

下午練習籃球，晚飯後有肇光中學初一學生卅餘人，均年在十五以下。堅要求訓話，逼於無奈，在金魚池旁，勉予愛國不一定拿槍打仗，凡屬中國國民，要自己振作，平時養成良好習慣，走路昂頭挺胸，不隨地吐痰，服裝應整潔，儀容要整肅，十分鐘始畢。渠等唱一歌，即「歌八百壯士」也。

四月十八日　星期五　晴

晨起氣候尚好，溫暖如春，九時後風勢漸緊，十一時後，狂風灰塵蔽空，目不能開。籃球不能練習，下午氣溫降爲六十，氣候倏變若此。

張××自昨晨教訓後，態度似較好，因余要雷雄私加勉勵，或有改正可能也。

毛巾組即成立，試驗品已製出，俟加核計，確定進行辦法。新建屋一棟，尚須一星期後，始可應用。將來情形如屬優良，能容面巾機若干，亦不可知也。

孤軍生活約三日內可印就，因迫於環境，故內容極平淡，擬按步驟，用漸進式，以免發生反應。且高調無用，徒然予市民僞驕之念。從平淡實際着手，或較有效也。

昨今兩晚，睡眠多夢。

四月二十一日及二十二日　星期一二　雨

兩日中寫上星期日紀念週演說稿，運動亦鮮。晨五時左右，忽聞蛙鳴，恐又會落雨，七時許卽滿天黑雲，唯轉北風，氣候變冷，旋卽狂風，飛沙走石，灰塵蔽空，眼不能視。

浙東戰事爆發，紹興，諸暨，鎭江，溫州，寧波等相繼登陸。足知本月十日起，敵空軍數十架，終日盤旋上空，淸晨偵察機卽起飛，此爲侵浙沿海之徵象，現敵機卽有消聲匿跡之勢，據昨夜新聞，下午已佔最後口岸福州，未受抵抗云。

巴爾幹英希之抵抗德軍攻勢，已在撤退中，南國崩潰，希臘亦在所難免，希特勒躊躇滿志之餘，法國必再進一步受德統治。地中海之咽喉直布羅陀，必因西班牙受德壓迫，被德佔據，控制交通。第二步，卽德壓迫土耳其通過敍利亞及克拉克而達蘇彝士運河，並佔埃及。似此歐洲除徒有外形之意大利外，蘇聯亦在險危中矣。

連夜睡眠多夢。

四月二十三日　星期三

……………

……………

………

跋

謝晉元先生於民國三十年四月二十四日，在孤軍營遇害。入殮之日，全市民衆前往瞻仰遺容者，達十萬餘人；對這位民族英雄，表示着最大的哀悼與崇敬。這些日記是在謝故團長遺物中檢得，記載時間係自二十七年元旦起直至遇害前二日止，（二十八年僅有三個多月的日記，其餘都未檢得，因此本書就把二十八年份所記的，全部删掉了。）所記全屬孤軍營內日常生活狀況，其憤慨激昂之情，常溢於字裏行間。其時吳紹澍先生就有將它印行的意思，要我編選。於是先行閱看選擇，倩人抄錄，然後再細細編校。全文共有四五十萬字，所以這編選工作也費了不少時日。完成之後又錄副本。用郵寄及攜帶兩種方法，通過敵僞的封鎖線到達了安徽屯溪；因爲敵僞檢查時苟有一種被扣，則還有副本可以補救。其後本人因工作關係，將稿帶到張渚，適逢張渚遭敵人「掃蕩」，該稿遂與公私物件同付一炬。

幸而原稿存在上海。當時敵僞威脅無所不至，謝故團長日記及另外許多重要文件，給妥藏在一個極秘密的地方。此次敵人無條件投降，抗戰結束，我們要印行謝故團長日記的計劃，始克實現。便在繁忙的工作之餘，又重新編選了一次，因爲要趕在十月二十六日公祭謝先生之前，印行問世，便見得十分匆忙了。

謝故團長在四行倉庫的英勇抗戰，是過去八年抗戰中可歌可泣的事蹟之一，那不但是民族史上光輝的一頁，更在抗戰初期為全國軍人樹立了不朽的楷模。現在抗戰結束，全國上下正注意於民族英雄的褒揚，則個人事務雖忙，也樂於日以繼夜地再行細讀謝先生的日記，將它又一次地選編出來，使全國人士有一讀的機會。

朱　雯　三十四年十月二十二日

謝晉元日記鈔

謝故團長遺著
朱雯編選

實價法幣[redacted]元

中華民國三十四年十月初版

發行者 正言出版社 上海福州路三四二號 電話九四九一五
總經售
印刷者 中聯印刷公司

言正